教養が身につく最強の読書

出口治明

PHP文庫

○本表紙図柄＝ロゼッタ・ストーン（大英博物館蔵）
○本表紙デザイン＋紋章＝上田晃郷

文庫版まえがき

僕は本が大好きです。いつも、純粋に個人の趣味として読んでいるので、選書の基準は「面白いかどうか」が全てです。人の好みは様々なので、僕が面白いと思った本が、皆さんにとって面白いかどうかは保証の限りではありません。でも、本好きな僕にとって、自分が気に入った本を皆さんにオススメすることは、とてもうれしい営為でもあります。

２０１４年６月に刊行された『ビジネスに効く最強の「読書」――本当の教養が身につく１０８冊』（日経ＢＰ社）は、僕の初めての本のオススメ本で、とても愛着のある一冊でした。１０８冊は、除夜の鐘の煩悩の数に因んだもので、面白い本をたくさん読んで、楽しく煩悩など忘れてしまいませんかと考えたというわけです。

その本を今回、（株）ＰＨＰ研究所の沼口裕美さんが文庫にしてくださいました。厚く御礼を申し上げます。本当にありがとうございました。

初版の出版から4年が経過しましたので、沼口さんと相談しながら大幅な改訂を行いました。本書がほんの少しでも読書好きの皆さんのお役に立つのであれば、著者としてそれ以上の喜びはありません。皆さんの忌憚（きたん）のないご意見をお待ちしています。（連絡先）hal.deguchi.d@gmail.com

２０１８年5月

立命館アジア太平洋大学（ＡＰＵ）学長　出口治明

まえがき

「花には香り、本には毒を」、あるいは「偏見なき思想は香りなき花束である」。本についての箴言では、この二つがたまらなく好きです。いくら美しい花であっても香りがなければ味気ないことこの上ない。

そういえば、『アノスミア』（勁草書房）という本がありましたね。身につまされましたが、本には毒がなければちっとも面白くない。読後に、毒素が体の奥深く沈殿して、時間をかけてゆっくりとその毒が体中に回ってくるような、そんな本が大好きです。逆に、清涼飲料水を飲んだ後のように、一瞬、すっきりして、その後は何にも残らないような本は苦手です。

私は本の虫です。無芸無趣味のナマケモノで、一緒にいて楽しい家族や友人がいて、普通にご飯が食べられ、楽しく酒が飲め、ぐっすり眠れたら、人生では後は何もいらないと心底思っています。そして、空いた時間は、もっぱら読書と旅

（観劇や鑑賞を含む）に充てています。

今は、ベンチャー企業の経営に手いっぱいなので、平均すれば、週4～5冊を読むのがやっとです（昔は、その倍ぐらいは読んでいました）。寝る前の1時間本を読むことは、歯磨きと同じぐらいの習慣になっています。活字中毒のきらいがあるので、新幹線や地下鉄で移動中も眠っていなければ、大体は本を読んでいます。

読み始めるとすぐに没入してしまうタイプなので、今でも、週に1回ぐらいは地下鉄を乗り過ごしてしまいます。週末は予定がなければ、ほとんどの時間を読書に充てています。

一日は24時間しかありません。断捨離が大切です。私は、昔からテレビとゴルフは捨てています。人間は、島崎藤村の「三智」ではありませんが、人に会い、本を読み、世界を旅すること以外に賢くなる（人間と人間がつくった社会のことを知る）方法はありません。

私はたくさんの人に会い、たくさんの本を読み、たくさん旅をしてきました。自分の足で歩いた町は、世界で軽く1000都市は超えると思います。でも、振り返ってみると、本から受けた影響が最も大きかったような気がしています。例えば、最も尊敬する企業経営者、私のロールモデルはクビライ・カアンです。

読書は本当に楽しいものです。アラブのことわざに「(人生の)楽しみは、馬の背の上、本の中、そして女の腕の中」とあるぐらいですから。デートより、読書の方が楽しいと7～8世紀のアラブ人は真剣に考えていました。そのおかげで、キリスト教の焚書にもかかわらずギリシャやローマの古典が生き残ったのです。よく知られているように、アリストテレスをはじめとするギリシャ・ローマの古典は、イスラム世界で保存され、アンダルシーアなどを経由して、アラビア語からラテン語に翻訳されてヨーロッパで再発見され、それがルネサンスの土壌になりました。

この本は、日経ビジネスオンラインの連載「ビジネスに効く読書」の中からいくつかを選び、加筆修正してまとめたものです。

そもそものきっかけは、日経ビジネスの広野彩子さんが、私の本好きをどこからか聞きつけて、「月1回でいいから、テーマに沿って、面白い本を紹介する記事を書きませんか?」と誘ってくださったことでした。私はライフネット生命の経営で手いっぱいなので、「書く時間がありません」とお断りしたのですが、「では、私が書きますから、面白い本を教えてくださるだけでいいです」と見事に切り返されてしまった。こうして、２０１２年10月から、日経ビジネスオンラインで「ビジネスに効く読書」と題した連載が始まりました。

広野さんとの月1回、約1時間の対談（取材）は、いつも本当に楽しい時間でした。広野さんのアイデアを基に「その月のテーマ」を一緒に決め、そのテーマに沿って、私が昔読んだ本を何冊か「思い出す」。そして、なぜその本を思い出したのか、そのテーマとのつながりは何かといったことを話す。その本を、広野さんが読んでまとめてくださったのが、「ビジネスに効く読書」です。

こうして連載が1年半ほど続き、取り上げた本も１００冊を超えました。何人かの本好きの友人から、「まとめて一冊の本にしては?」というアドバイスをもらったこともあり、「ビジネスに効く読書」を再構成してまとめました。出版に当たり、全編にわたって加筆修正しています。

ささやかな本ではありますが、読書好きの私にとって、読書の本を出すということはとても嬉しいことです。この本は、実質的には広野さんがお一人で書き上げたようなもの。また、編集に際しては、日経ビジネスの篠原匡さんのお世話になりました。お二人に心からお礼を申し上げます。それでは、ビジネスに効く本の世界をお楽しみください。

2014年5月

ライフネット生命保険株式会社会長兼CEO　出口治明

教養が身につく最強の読書　目次

第1部

ビジネスに効く教養のつくり方

第1章　リーダーシップを磨く

第5章 戦争を見る眼を養う

第6章 神話と宗教について考える

第3部

日本と世界の現在を知る

第9章

人口問題から日本の近未来を考える

第1部

ビジネスに効く教養のつくり方

第1部では、ビジネスパーソンが仕事をする上で、ぜひとも読んでもらいたい本を「リーダーシップ」、「意思決定力」、「人間を知る」をテーマに3章に分けて紹介します。

第1章　リーダーシップを磨く

『遊牧民から見た世界史』〈増補版〉
杉山正明
日経ビジネス人文庫／2011年

『クビライの挑戦　モンゴルによる世界史の大転回』
杉山正明
講談社学術文庫／2010年

第2章　「意思決定力」を鍛える

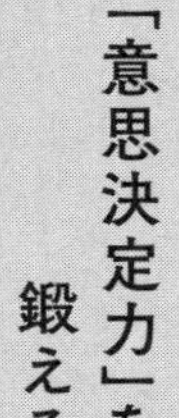

『新釈漢文大系〈95〉貞観政要　上』
原田種成
明治書院／1978年

『新釈漢文大系〈96〉貞観政要　下』
原田種成
明治書院／1979年

第3章　教養の基本は「人間を知る」こと

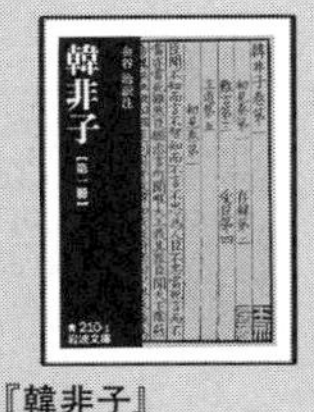

『韓非子』〈第1巻～第4巻〉
韓非／金谷治（訳注）
岩波文庫／1994年

『ニコマコス倫理学』〈上・下〉
アリストテレス／高田三郎（訳）
岩波文庫／1971年、73年

リーダーシップはクビライに学べ

第1章のテーマは「リーダーシップ」です。僕は、モンゴル帝国第5代皇帝のクビライを、リーダーの手本として個人的に尊敬しています。「心の師」と言っても過言ではありません。

クビライについては、モンゴル史研究の第一人者である杉山正明先生の『遊牧民から見た世界史　増補版』、『クビライの挑戦　モンゴルによる世界史の大転回』などを手に取ってみてください。

では、クビライのどこがリーダーとしてすごいのか。

クビライは、チンギス・カアンの4男トルイの次男として生まれました。お母さんはネストリウス派のキリスト教徒であるソルコクタニ・ベキ。生まれからして、グローバルです。

クビライが皇帝だった時代は、1260年から94年までの三十数年間です。ちょうどヨーロッパでは、最後の十字軍が行われている時代ですから、イスラム教徒の首を切ったら、ローマ教皇が喜んでいた。そういう時代に**クビライは、思想・信条や宗教と政治を切り離して考えることができた。**

首都大都（のちの北京）の設計をムスリムの技術者に任せたことが好例です。この例に限らず、**彼は中国人やペルシャ人、アラブ人など、様々な国や地域から優秀な人材を登用しています。徹底的に合理的なのです。いってみれば、ダイバーシティの先駆けです。**

例えば、もしも東京が地震で壊れて、首都を新しくつくりなおすとしましょう。誰に設計を任せるか。ブラインドでコンペをして、素晴らしいアイデアを出しトップになった人が韓国や中国の人だったら、現在の政府や知事は、その人に任せるでしょうか。恐らく任せないでしょう。それをクビライは平然とやってのけた。

出自や国籍に関係なく、いい案を出した人間に任せればいい。このように偏見を一切持たずに考える能力は素晴らしいものです。

ですから、クビライの時代の世界は平和になりました。

彼は陸と海を一体化した交易システムをつくり上げました。恐らくクビライは、「マネーストックが循環しなかったら経済成長はできない」ということがよくわかっていたのでしょう。

具体的には国際通貨であった銀を使いました。クビライのもとにはユーラシア各地の王族から使節が朝貢（ちょうこう）に来ます。その返礼として、通貨の塊（かたまり）、つまり銀塊（銀錠）を渡す。もらった王族はこれを商人に貸しつける。

キャッシュを手に入れた商人は、中国で絹、お茶、陶磁器など、世界中が欲しがるものを大量に買いつけて商売を行う。その代金を銀塊で支払う。そして、クビライは売上税でその銀塊を吸い上げるので、また銀が戻ってくる。それをまたプレゼントする。

こうして、銀は大循環します。要するに、マネーストックを潤沢に用意して、国際的な交易を活性化させたのです。

交易には陸路より海路で運ぶ方がはるかに効率的ですから、海賊を掃討して海路を整備します。こうして海と陸が一つに結びついて、本当に地球規模のグローバリゼーションが実現した。これがクビライの時代なのです。

だからこそ、この時代に、マルコ・ポーロと呼ばれる誰かが旅をすることができた（モンゴル側の文献にはマルコ・ポーロという名前がどこにも出てこないため、本書では「マルコ・ポーロと呼ばれる誰か」と表現しています）。それは、クビライが地球大の楽市楽座政策をとって、山賊海賊を全部退治したからです。

その結果、交易が盛んになり、人々が自由に旅をすることができるようになったのです。

このように身をもってグローバリゼーションを体現したクビライは、現代のビジネスパーソンにとっても大きな示唆を与えてくれます。

意思決定に不可欠な「3つの鏡」

続く第2章は、ビジネスにとって極めて重要な「意思決定」がテーマです。優れたリーダーにもっとも必要なのは正しい意思決定ができる能力です。

リーダーの意思決定は、世の中や人の生き方に大きな影響を与えます。組織で何かが決まったのに、実行されないことはまずありません。

この章では正しい意思決定を行えるよう自らを磨くための様々な本を紹介していますが、その中で1冊だけオススメするとすれば、『貞観政要（じょうがんせいよう） 上・下』をおいてほかにはありません。

『貞観政要』は、唐の第2代皇帝、太宗李世民（たいそうりせいみん）の言行録です。「太宗」とは、太祖（創業者）に次ぐ功績のあった皇帝に与えられる廟号（びょうごう）（死去した後に贈られ、廟に載せられる尊号）です。

この本は、リーダーシップ論としては、書店に並んでいる並のビジネス書100冊に優に匹敵する内容を持っています。

僕が初めて複数の部下を持った30歳前後の頃、『新釈漢文大系　貞観政要』が刊行されました。歴史好きの僕は、『貞観政要』がどんな本で何が書いてあるかは大体知っていましたが、完訳が出たと聞いて早速購入して読み始めました。訳注も簡潔かつ必要十分で、とても面白くて夢中になって読み込んだことを覚えています。

管理者になりたてほやほやの僕は、先輩に勧められるままに管理者心得の類（たぐい）のビジネス書を何冊か読んでいましたが、そのどれもが薄っぺらく感じられるほど、『貞観政要』は僕にいろいろなことを教えてくれました。

その中に、**意思決定にとって欠かせない「三鏡」の話があります。これは僕自身が座右の銘にしているものです。**『座右の書「貞観政要」』（KADOKAWA）という拙著も出版しています。まずは書き下し文で読んでみてください。

「太宗、嘗て侍臣に謂ひて曰く、
夫れ銅を以て鏡と為せば、以て衣冠を正す可し。
古を以て鏡と為せば、以て興替を知る可し。
人を以て鏡と為せば、以て得失を明かにす可し。
朕常に此の三鏡を保ち、以て己が過を防ぐ」（巻第二　任賢第三　第三章）

第1の「銅の鏡」とは、普通の鏡のことです。普通の鏡で「衣冠を正す」。僕なりに言い換えれば、**普通の鏡で自分の顔や姿を見て、元気で明るく楽しい表情をしていることを日々チェックすべし**、ということになります。

仕事ではいつ、何が起こるか予測できません。重要な意思決定を迫られる立場の人ほど、常に心身ともスピードと集中力を発揮できるベストの状態でいることが求められます。

そう考えると、意思決定でまず大事なことは、いつでも集中して考えられるように自分のコンディションを整えておくことであり、なかでも健康状態の管理は必須の条件です。

次に、労働環境を決定するのはほぼ100%は上司ですから、上司が元気で明るく楽しい表情をしていない職場は空気がよどんでしまい、部下が伸び伸びと働くことができなくなるのです。

第2の鏡は、「古を以て鏡と為」すのですから、「歴史の鏡」です。歴史の鏡を見れば、時代の大きな流れを知ることができる。逆にいえば、**過去の出来事しか将来を予想する教材はないのですから、歴史を学ぶことが重要なのです。**

過去に学ぶことの重要性は、いろいろなケースを知ることです。ケースを知っていれば、意思決定はその中から最適なものを選択する、あるいは類推するだけになります。過去の事例を知らない状態で、いつ、どのようなことが起こるかわからない状況にはなかなか対処できません。たくさんのケースを知っているからこそ、リーダーは新しい課題に素早い対応ができるのです。

第3の鏡は「人間の鏡」、つまり自分の周囲にいる部下や同僚、スタッフのこ

とです。彼ら、彼女らがいるから、自分が正しい道を進んでいるかどうかがわかる。

要は「王様は裸だよ」と直言してくれる同僚を持てということです。正しい意思決定をするには、部下の厳しい直言や諫言(かんげん)に耳を傾け、受け入れる必要があるということです。

これら3つの鏡――「今の自分の表情(状況)」「歴史」「第三者の厳しい意見」――を知ることが、ビジネスパーソンの意思決定には不可欠なのです。

東西の名著で人間を知る

第3章のテーマは「人間を知る」です。

どんなビジネスであれ、それを実行するのは人間です。また、お客さまも人間です。人間と人間がつくった社会がビジネスの舞台なのですから、人間を正しく理解することが働く上でも生きる上でも何よりも役に立ちます。

マネジメント上のテクニックや財務諸表の見方などといった技術はあくまで技術にすぎず、やる気さえあれば簡単に身につけることができます。すぐには役立たない知識こそが人生を豊かにするのです。

企業や社会のリーダー層に限っていえば、日本は圧倒的に低学歴です。大学進学率が先進国（OECD）平均に比べて低い上に、大学では勉強しないし、大学院にも行かない。例えば、国際連合の幹部の登用はドクターかマスターでなければそもそも受験資格がありません。海外のリーダー層ではそれが当たり前です。

一方、日本では青田買いされた学生がさほど勉強しないまま社会に出てしまう。これでは国際的な競争に勝てるわけがありません。教養のない人がリーダーになっても、有効な手の打ちようがない。

人間を理解するにはすべての活動のもとになっている脳の構造を知る必要がありますし、同時に感情の発露である愛や戦争についても知っておく必要があります。その意味では、**どんな本でも「人間を知る」ことはできますが、僕自身がオススメしたいのは、『韓非子』とアリストテレスの『ニコマコス倫理学』です。**

『韓非子』は、百家争鳴といわれる春秋戦国時代を生きた天才、韓非が書いた本です。普通、韓非子というと、「性悪説」を唱え、法によって統治する法治主義を主張した本だ、と説明されます。間違ってはいませんが、『韓非子』はそこにとどまらない面白さがある。というのも、この本には多種多様なタイプの人間がこれでもかこれでもかと登場するからです。

現代の組織でも同じです。素直な人間もいれば、腹黒い人間もいる。温かい人間もいれば、冷たい人間もいる。世の中には様々な人間がいることを知るのに、『韓非子』ほどうってつけの本はありません。

『ニコマコス倫理学』は、古代ギリシャの哲学者、アリストテレスの著書を、息子のニコマコスらが編集したものです。この本は、幸福とは何か、善とは何か、よく生きるとはどういうことかについて、徹底的に思考を尽くして書かれた古典中の古典です。

これを読むことによって、幸福とは何かだけではなく、西洋人の典型的な、そして論理的な考え方を体得する鍛錬ができます。

少し難しい本ではありますが、ロジカルシンキングが身につくこと請け合いなので、とてもお得です。コンサルティング会社出身者がよく出しているロジカルシンキングのハウツー本のようなものより、何百倍も役に立つこと、間違いありません。

第1章　リーダーシップを磨く

歴史を紐解けば、すぐれたリーダーシップを発揮して、時代を切り拓いていった英雄や豪傑がたくさんいます。名著のなかに描かれた生きた人間の決断をケーススタディとしながら、あるべきリーダー像やリーダーになるための条件を考えていきましょう。

カエサルとポンペイウスの〝角福戦争〟

リーダーシップを磨くうえで一番簡単なのは、偉業を成し遂げた人の足跡をたどり、そのマネをすることです。

僕が個人的に尊敬している歴史的なリーダーは、紀元前6〜紀元前5世紀に活躍したペルシャのアカイメネス朝第4代のダレイオス1世（大王）と、13世紀に生きたモンゴル帝国第5代皇帝のクビライが双璧ですが、残念ながら、この2人については、日本語で読める多方面から検証された優れた伝記がいまだに書かれていません。

ただ、この2人に勝るとも劣らない歴史的なリーダーはほかにもいます。紀元前100年に生まれたカエサル、すなわちジュリアス・シーザーです。カエサルについては、評伝がたくさん存在しますので、いろいろな角度からカエサルという人物を知るうえでとても都合がいい。それではまず、カエサルが偉大なリーダーたるゆえんを味わっていきましょう。

一番のオススメはこの本です。ドイツ人の碩学（せきがく）、マティアス・ゲルツァーによる名著を翻訳した『ローマ政治家伝』の1巻、カエサルです。ハードカバーでかなり読み応えのある本です。

冒頭から、カエサルをこう定義しています。

「政治家を政治家たらしめるものとして、二種類の資質がある。一つは、直面する状況をすばやく見渡して、時宜（じぎ）を得た把握をした上で、現在の滔々（とうとう）たる流れを冷静に計算しながら時の要求に応えるという才能である。今一つは、より高度なもので、政治的創造力というべきものであり、同時代の人々を新しい軌道に乗せ、新しい状態すらも創り出すものである。カエサルには、この二つの能力が備わっていた」

カエサルについて、最初にこの本を取り上げた理由は、ゲルツァーが同じシリーズでライバルだったポンペイウスについても書いているからです。2人を対比しながら読むことで、2人の個性が浮かび上がります。分かりやすく言えば、僕はカエサルは田中角栄のような人で、ポンペイウスは福田赳夫（たけお）のような人だったと思っています。

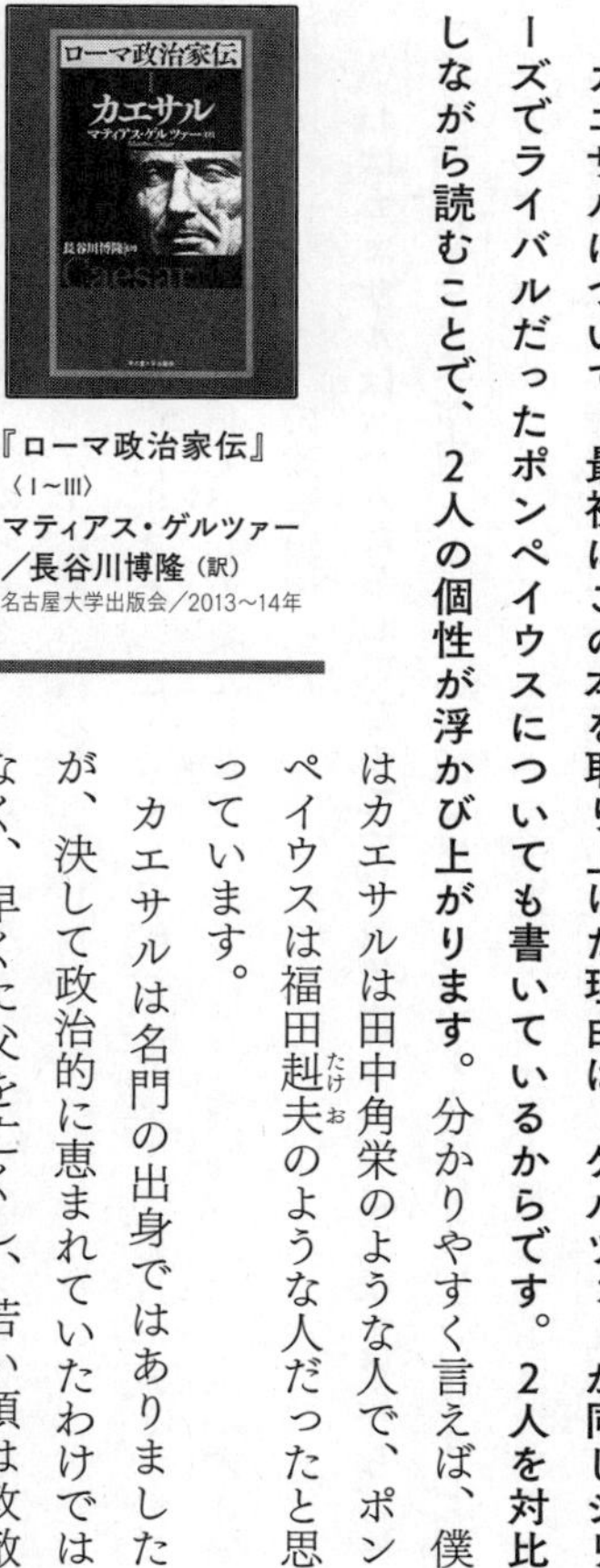

『ローマ政治家伝』
〈Ⅰ〜Ⅲ〉
マティアス・ゲルツァー
／長谷川博隆（訳）
名古屋大学出版会／2013〜14年

カエサルは名門の出身ではありましたが、決して政治的に恵まれていたわけではなく、早くに父を亡くし、若い頃は政敵

（あの冷徹なスッラです）から身を守るため、何度もローマを離れざるを得なくなるなど、下積みのキャリアを長く積んできました。

一方で、多くの女性に恨まれることなくモテ続け、必要とあらばお金を使いまくり、莫大な借金をして公共事業に私費を投じるなど、豪胆でスケールが大きい清濁併せ呑むタイプの政治家でした。

いわばカエサルは、「人たらし」なのです。政治家としては遅咲きながら、持ち前の勘の鋭さと決断力で、あっという間にポンペイウスを追い抜いていきました。

一方のポンペイウスは、エリート育ちで周囲から帝王学を授けられ、キャリアの早い段階から高い職位に就き、手柄がその後の勲章になるような仕事の機会に恵まれて、ことごとく成功体験を重ねます。

旧大蔵省のエリートだった福田赳夫とイメージが重なるところですね。そして、カエサルに比べればいざという時の決断力に乏しい。

この2人を対比して読めるにとどまらず、実はゲルツァーの同シリーズでは、キケロの翻訳も出版されているのです。カエサルとポンペイウスと、その間を取り持ったキケロ。この3人の人物像を立体的に浮かび上がらせることによって、カエサルの人間としてのすごさがより一層、理解できるに違いありません。

カエサルは、ポンペイウスとの戦いの中で頭角を現してきた人でした。カエサルの時代の第1次三頭政治と言えば、カエサル、ポンペイウス、クラッススですが、カエサルの最大の金銭的スポンサーでもあったクラッススはただ裕福だっただけで、この2人に比べればそれほど賢い人ではなかったように思います。

当時のローマの政治は、実質的にはカエサルとポンペイウスを軸に動いていました。

先ほど述べたように、カエサルとポンペイウスの戦いは角福戦争のようなものだったと思いますが、そういった背景や人物像、人間関係などを頭の中でイメージした後、カエサル本人が書いた『ガリア戦記』を読むと、なるほどとうなずけるところが多いと思います。

『ガリア戦記』は、7年にもわたったカエサルのガリア（現在のフランスを中心とした西ヨーロッパ）遠征記です。ガリアの風俗を時に交えながら、淡々と征服

のプロセスを綴っていきます。「文は人なり」と言いますが、簡潔で無駄のない引き締まった文体はカエサルその人を彷彿とさせます。なお、ありがたいことに、「カエサル戦記集」として、『内乱記』『アレクサンドリア戦記　アフリカ戦記　ヒスパーニア戦記』も、岩波書店から新訳が出ています。

『ガリア戦記』を読み終えたら、次は**塩野七生さんによる『ローマ人の物語　ユリウス・カエサル　ルビコン以前　上・中・下』で、前後の歴史とカエサルの人生をおさらいしてみましょう。**

ハードカバー版ではカエサルの巻は〝ルビコン以前〟と〝ルビコン以後〟の上・下で出版されましたが、手軽に手に取るには文庫本がいいと思います。

シリーズ1巻の冒頭に書かれた文庫本の読者に対する塩野さんの長いまえがきには、ゴシック体、イタリック体など印刷活字が読み手を意識して変わってきたルーツを紹介しながら、いつでも持ち歩けるよう分冊した意図が紹介されていて、この作品に対する著者の熱意が伝わってきます。

一冊一冊がコンパクトで、実際、負担なく読み進められる体裁になっています。

ところどころに現れる、塩野さん独特の本質を鋭く突く洞察力も魅力です。

「女とは、モテたいがために贈物をする男と、喜んでもらいたい一念で贈物をする男のちがいを、敏感に察するものである」

『カエサル戦記集　ガリア戦記』
カエサル／高橋宏幸（訳）
岩波書店／2015年

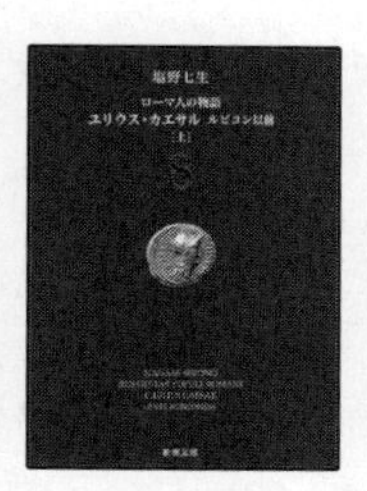

『ローマ人の物語
ユリウス・カエサル
ルビコン以前（上・中・下）』
〈8～10〉
塩野七生
新潮文庫／2004年

「絶望は、人を過激にする。とくに、生まじめで思いつめる性質の人ほど、容易に過激化しやすい」

「なぜ権力もなかった時期のカエサルにあれほども多額の借金が可能であったかの考察も、（中略）研究費も大学が負担してくれる現代の研究者等のまじめな考察の範囲に留まっているかぎり、推理も解明も不可能ではないかと思う」

カエサルの名言も、しっかりと紹介され

ています。ほんの一部ですが引用しましょう。

「理性に重きを置けば、頭脳が主人になる。だが、感情が支配するようになれば、決定を下すのは感性で、理性のたち入るすきはなくなる」

「人々は刑罰について論議するときは、罪とされることの本質を忘れ、刑罰そのものが重いか軽いかしか考えなくなる」

「権力が、未熟で公正心に欠く人の手中に帰した場合には、良き動機も悪い結果につながるようになる。はじめのうちは罪あること明らかな人を処刑していたのが、段々と罪なき人まで犠牲者にするようになってくる」

リーダーシップを学ぶ際、リーダーシップを抽象的に論じるよりは、生きた人間のケーススタディを通じて具体的に学ぶ方が役に立つと僕は思います。

塩野さんの本は、カエサルについての総まとめに最適です。カエサルを多面的に知ることで、決断とは何か、あるいはリーダーはどうあるべきか、お金はどう使うべきなのかなど、様々な人生の実相がよく見えてくると思います。

リーダーシップに必要な3つの条件

さて、次のオススメに移りましょう。

皆さんは子供の頃、例えば、英雄に憧れて、偉人伝を読み漁（あさ）ったりはしませんでしたか。これほど勉強した人がいて、その結果として偉くなったのだから自分ももっと本を読んで勉強した方がいいなとか、人の上に立つということは大変だな、などと子供心にも様々なことを感じた記憶はありませんか。

『プルターク英雄伝』
〈1～12〉
プルターク／河野与一（訳）
岩波文庫／1952～56年

考えてみれば、僕が歴史や歴史上の人物に興味を持つようになった一つのきっかけはこの本でした。『プルターク英雄伝』です。偉人の人生を知ることで、多

くのことが学べるのだと教わった本です。

この本は、古代のローマとギリシャの代表的な英雄を対比させ、人物像をつぶさに紹介していきます。対比して読むと本当に分かりやすい。生徒会長を務めた小中学校時代、僕も『プルターク英雄伝』を読みながら、「人の上に立つのは本当に大変だ」などとしみじみと思ったものでした。

僕自身は、リーダーシップには最低3つの条件があると思っています。何かをしたい、何かを変えたい、という強い気持ちがあることがまず最低条件の1つ目です。ただ偉くなりたいだけの人をリーダーに選んではいけません。何かをしたいという「強い思い」がある人をリーダーにしなければなりません。

第2に、自分のしたいことをメンバーにきちんと話して共感を得る力がなければなりません。というのも、人間は面従腹背（めんじゅうふくはい）ができる動物だからです。現実の社会では、「仰せの通りです」と言いながら、裏で足を引っ張るような人が山ほどいます。それが人間の社会です。

やりたいことがあり、共感を得ることができて初めて「旅」の仲間が集まります。

ただ、旅を始めれば、毎日晴れの日ばかりが続くわけではありません。土砂降りになれば、誰もが怖気(おじけ)づいて、今日は帰ってしまおうかと思ったり、思いがけなく心が折れたりすることだってあります。そんな時に、丁寧にコミュニケーションを取って、最後の目的地までメンバーを引っ張っていく統率力が必要です。

統率力はともすれば誤解を招きやすい言葉で、黙って俺についてこいとか、俺の背中を見て考えろとか、不毛な根拠なき精神論を述べる人がいますが、そうではありません。

背中を見ても、スーツの背中には何も書いてありません。たとえ着ているTシャツの背中に「根性」などと書いてあったとしても、そんなものは全く役に立たないでしょう。

僕は、**弱った仲間、元気のない仲間と丁寧にコミュニケーションを取りながら、励まして、うまく目的地まで引っ張っていくことができるコミュニケーション力があれば、3つ目の条件としては十分だと考えています。**

もちろん、ほかにも人格や判断力などリーダーの条件は言い出せばきりがないのですが、1人の人間にそれほど多くを求めてはいけません。

むしろ、やりたいことが明確にある（強い気持ち）、共感力、統率力、この3つですらすべてを持っている人はほとんどいないと思います。疑う人は歴代の総理大臣の顔を思い浮かべてください。

本当にやりたいことがあったか、国民にきちんと説明して共感を得る力があったか、党内の反対派や野党と丁寧にコミュニケーションを取って実現する統率力はあったのか。いかがです？　歴代の総理大臣の多くはこの3つを兼ね備えていたでしょうか。

ということは、普通の職場にはこの3つの条件すべてを持っている人などほとんどいないと考える方が自然です。強い気持ちさえリーダーにあれば、あとはチームワークで補えます。

従って、リーダーにすべてを求めてはいけません。これからのリーダーシップのあり方は、チーム全員がイニシアティブを取って仕事をしていくということだと思います。

『新版　指輪物語』
〈1～10〉
J.R.R.トールキン／
瀬田貞二、田中明子（訳）
評論社文庫／1992年

『採用基準』
伊賀泰代
ダイヤモンド社／2012年

『君主論』は権謀術数の書にあらず

これまで、どちらかといえば硬派な本を紹介してきましたが、**ここで伊賀泰代さんの『採用基準』を紹介したいと思います。**

この本に書いてあることは、結局のところ全員がリーダーシップを持たなければいけない、リーダー1人にすべてを求めてはいけない、ということだと思います。

平易な本ですが、リーダーがだらしがないからダメなのだ、と他人のせいにしてリーダーを責めているばかりでは、国も社会も一向に良くなりません。みんながイニシアティブを取ってリーダーシップを発揮していく——。これからは、そう考えるべきではないでしょうか。

映画『ロード・オブ・ザ・リング』の原作、**トールキンの『指輪物語』を読んでも同じ感想を持ちます。主人公のフロドは、あえて述べれば新しいタイプの理想的なリーダーの1人だと思います。**

イメージ的にはフロドはとても弱い人格なのですが、迷いに迷いながらも、最後まで世界を滅ぼす悪の指輪を火山の火口に投げ捨てて世界を救うのだ、という強い思いを捨てることがありません。迷っても迷っても、何度も立ち上がって、最後には指輪を捨てて世界を救うのです。

リーダーに必要なのは、たくましさなどといった表面的なイメージではなく、強い思いを持っていて、絶対にそれを捨てないという内面の資質です。最後まで思いを捨てなければ望みはかなうのです。そういったフロドの強い思いに共感して、フロド以上に高い特殊な能力を持つ旅の仲間がフロドを助けるのです。

ですから、リーダーの最大の条件は、やはり強い思いを持ち続ける力だと思います。やりたいことがあって初めて人はついてくる。これを機に、週末に家族で『ロード・オブ・ザ・リング』のＤＶＤをご覧になってはどうでしょうか。

僕がリーダーシップに目覚めたのは、小学6年生で生徒会長に選ばれた時でした。人の心をつかむのがこれほど難しいとは……と、かなり悩んだ記憶があります。正論だけでは人はついてこないということも、おぼろげながら理解したように思います。

僕はこの10年間、自ら立ち上げた、ライフネット生命というベンチャー企業を経営してきましたが、強い思いを持ち続けているかどうかは、常に自問してきました。

僕の強い思いの中身は、ミッション（若い世代の保険料を半分にして、安心して赤ちゃんを産み育てることができる社会を創りたい）、コアバリュー（真っ正直に経営し、情報公開を徹底し、分かりやすくて安くて便利な商品・サービスを供給するというマニフェスト）、ビジョン（１００年後に世界一の保険会社になる）の3つでした。

２０１８年1月からは、ほぼ日本では初めての学長公募で選ばれて、立命館アジア太平洋大学（APU）の学長を務めています。

APUは、タイムズハイヤーエデュケイションの2018年大学ランキング（日本版）で私大西日本1位（全国で5位）に輝いた大学です。

「APUで学んだ人が、世界に散らばり、自分の持ち場を見つけて、APUで学んだことを活かしながら自ら行動して世界を変えていく」という主旨の素晴らしい2030年ビジョンを策定しています。このビジョンを実現するべく、強い思いを持ってマイルストーンを1つずつ置いていこうと考えています。

さて、ファンタジーや映画まで出てきましたので、**最後にまた古典の硬い本で締めたいと思います。マキアヴェッリの『君主論』です。**

リーダーシップの古典的なテキストとして、例えばキツネとライオンのどちらがいいか、あるいは愛されるのと恐れられるのとどちらがいいか、一つの組織を率いていくとはどういうことか――など**リーダーシップの太い骨格が、『君主論』にはほとんど網羅されていると僕は思います。**

マキアヴェリズムという言葉があるように、マキアヴェッリは結局、権謀術（けんぼうじゅつ）

数について書いただけなのではないかと言う人もいます。

そんな人は、虚心坦懐に一度、本書を読んでみてください。そんな些末なことが書かれているのではありません。この本を丁寧に読めば、リーダーとは何か、人を率いるというのはどういうことか、人を「使う」とはどういうことか、といった大枠がきちんと、しかも明確に理解できると思います。

例えば、こういった部分です。

「およそ名のある人物にあって新たな恩恵がかつて加えられた古傷を忘れさせられると信ずる者は、欺かれる」

「人間は本性においては、施された恩恵と同様に、施した恩恵によっても、義務を感じあうものなのである」

「君主たる者は、（中略）憎悪や軽蔑を招くような事態は逃れるように心しなければならない。（中略）軽蔑を招くのは、一貫

『君主論』
マキアヴェッリ／河島英昭（訳）
岩波文庫／1998年

しない態度、軽薄で、女々（めめ）しく、意気地（いくじ）なしで、優柔不断な態度である」

さて、いかがでしたか。

21世紀の日本を引っ張るリーダーとはどのような人物であるべきか、自らがリーダーになるにはどういった心構えが必要か、皆さんもいろいろと自分のアタマで考えてみてください。

第2章 「意思決定力」を鍛える

リーダーになると、誰にも相談できない深刻な悩みを抱えることがあります。そういう悩みは、身近な人に相談しても解決するわけではありません。そんな時はどうしたらいいのか。本章では意思決定に悩んだ時に、背中を押してくれるとっておきの本を選んでみました。

悩んでいる時は脳のクセを理解する

まず、あなたが今ものすごく悩んでいるとします。ここで、そもそも何がそんなに悩んでいるのかを考えると、あなたの「脳」が悩んでいるわけです。実は、この脳というのは厄介な代物（しろもの）で、妙なクセがいっぱいある。悩みの根源に迫るには、それこそ頭を抱えて考える前に、悩んでいる主体である脳のクセを正しく理解することが欠かせません。

そのためには、まず頭を柔軟にほぐす「アイスブレーキング」が必要です。そこで、**池谷裕二(いけがや)さんの『脳には妙なクセがある』を読んでみましょう。この本は脳のアイスブレーキングにはうってつけです。**

池谷さんは、東京大学大学院薬学系研究科の教授です。この本の著者紹介によると、これまで未解明だった脳内における神経細胞同士の結合部（シナプス）形成の仕組みを解明して米科学誌「サイエンス」に発表した、とのこと。世界でも一流の脳科学者です。

日本にも脳科学者が大勢いますが、池谷さんはとび抜けた「天才」だと思います。とにかく読みやすくて楽しい本で、「本物」の素晴らしさを知ることができます。

男性ホルモン等の驚くべき働きや、「〇〇しておけばよかった」という「後知恵バイアス」、さらには「ブランドにこだわる理由」など数多くのテーマを取り上げており、とにかく面白い。ここで種明かしをするより、まずは読んでみてほしいと思います。

頭をアイスブレークすれば、「なるほど、脳というのはこういうものか」「これで自分は悩んでいるんだな」とある程度納得できるのではないでしょうか。人間の脳というのは本当に厄介な代物ですが、愛すべき存在でもある――ということがよく分かると思います。

31ページ以下で触れた『カエサル』や『ポンペイウス』は、少し襟を正して正座して読みたい本でしたが、この本は電車の中でも気軽に読めますので、ぜひどうぞ。

池谷さんは最近作で、『パパは脳研究者』(クレヨンハウス)という素晴らしい本を出版されていますので、こちらも読んでみてください。

『脳には妙なクセがある』
池谷裕二
扶桑社新書/2013年

さて、1冊目で頭をアイスブレークしたので、硬派な路線に戻りましょう。仕事に悩んでいる時に心の支えとなるのは、どんなすごい人でも実はみんな悩んでいた、という当たり前の事実を知ることではないでしょうか。

人の悩みのほとんどは、実は人間関係から生じます。仕事の内容という人もいるかもしれませんが、上司との関係、周囲との関係といった人間関係が一番の悩みの種で、それは古来変わっていないと思います。

歴史上の偉人も同じように悩んでいた！

名著の宝庫である中国には、『貞観政要 上・下』（23ページ）と、『宋名臣言行録』という、このテーマにうってつけの優れた書物があります。どちらもリーダーシップ論の定番でもあります。

『宋名臣言行録』
朱熹（編）／梅原郁（翻訳）
ちくま学芸文庫／2015年

この2つを読むと、古代中国において立派な君主や臣下がいかに悩んできたかがものすごくよく分かると思います。

『貞観政要』は立派な君主と、立派な臣下の物語です。立派と立派の組み合わせです。この君主は唐の太宗、李世民です。

読み応えは十二分にありますが、本当に仕事で悩んでいるエグゼクティブが軽いものを読んで癒されると思うのは大きな間違いです。悩みに匹敵するような、ずっしりと重いものを読まなければ、どだい解決にはなりません。

『宋名臣言行録』は、朱子学を創設した朱熹（しゅき）の編纂といわれています。少し脱線しますが、朱熹は、歴史にイデオロギーを持ち込んだ人です。三国時代では曹操（そうそう）の魏（ぎ）が正統政権だったのは明らかなのに、劉備（りゅうび）の蜀（しょく）を正統としました。朱熹は南宋の人で、北の遊牧民を憎んでいたのです。そこで、歴史を遡ってどの政権が正統かを整理したのです。

宋の時代は旧法と新法が争いました。新法を立ち上げた王安石（おうあんせき）は、中国の長い歴史の中でも恐らく屈指の天才的な宰相でした。歴史上これほど立派な人はそうはいないでしょう。

いち早く重商主義を唱えた人でもあり、なんと西洋より500年も早かった。王安石の政策は富国強兵という目的に照らして一分（ぶ）の隙もなく、すべてが整合的に組み立てられており、そのグランドデザインの見事さに惚れ惚れします。

王安石は極めて合理的で近代的な人でしたが、一方で朱熹は新法が嫌いで、旧法をあがめた人でした。それゆえに、王安石のグループはあまりよく書かれているようには見えません。イデオロギーを持ち込んだというのは、そうした意味においてです。とはいえ、初代皇帝や第2代、第3代皇帝に仕えた人は立派な人ばかりで、最初の方のエピソードはとても面白い。

『貞観政要』と違って、立派な君主と立派な臣下の組み合わせだけではなく、愚かな君主と立派な臣下という組み合わせがあるなど、いろいろなパターンが出てきます。紹介しているのは抜粋版ですが、まずは抜粋で十分でしょう。

『貞観政要』や『宋名臣言行録』は大変有名なため、経営に役立ちそうな部分を抜き出した、「『貞観政要』をこう読む」とか、「『宋名臣言行録』をこう読む」とかいった類の本が数多く出ています。でも、それは著者に都合のいい部分を切り張りしているだけです。

『貞観政要』も『宋名臣言行録』も原典をそのまま読んでみてください。読み応えのある超ド級の「重たい」本をしっかりと読み、悩みを吹き飛ばして

ください。飲み屋のおじさんやおばさんに悩みを聞いてもらい、「元気出しなさいよ」と言ってもらって1万円を払うよりはるかに役に立ちます。本は投資ですからね。

それでは、次に西洋の本に移りましょう。究極的なリーダーの決断は、やはり戦争ではないでしょうか。生きるか死ぬか。自分の生き死にも懸かっているし、部下の生き死にも懸かっている。何より国の生き死にが懸かっています。

ある意味、戦争は経営の極限の姿だと思います。「右へ行け」と言った自分の判断で何百、何千という部下が死ぬかもしれない。その判断の重さを考えたら、そう思わざるを得ません。

「政治は血を流さない戦争であり、戦争は血を流す政治である」というクラウゼヴィッツの有名な言葉があります。決断は本当に難しいものです。

戦争について人間がどう考えてきたか、その最高の古典の一つは、クラウゼヴィッツの『戦争論　上・下』です。経営者の間でも好まれ、多くの解説本が出版されていますが、やはり原典を読まなければいけません。

読書はスポーツと一緒です。ジムに行っても、疲れるからと軽く運動しているだけではジムにお金を落とすだけに終わってしまう。筋肉痛になるぐらい本気になって鍛えないと、筋肉もつかないし、体重も落ちないでしょう。

これは脳も一緒です。ある程度読み応えのある本を読んで脳に負荷をかけなければ、「考える力」が鍛えられませんし、貴重な先人の経験も身につきません。最初に池谷裕二さんの本を読んで脳のクセを理解したわけですから、あとはとびきり重い剛速球に食らいついて、必死に打ち返してみる。**剛速球を正面から打ち返すのはかなりしんどい作業ですが、負荷を自分に与えることで初めて、仕事や経営上の悩みに対して曙光が見えてくるのではないでしょうか。**

軽いものを読んで解決できるような悩みなら、しょせん大した悩みではありません。

『戦争論』
〈上・下〉
クラウゼヴィッツ／
篠田英雄（訳）
岩波文庫／1968年

実は、『貞観政要』が腹に落ちた経験があります。

以前の会社にいた時、他の部門のスタッフで、僕が何かを頼むと走ってきて応えてくれる人がいました。いつでもそうなので、部下と飲んでいる時についこう漏らしてしまいました。「あいつは偉い奴やな」「なぜですか」「だって、何を頼んでも走ってくるじゃないか」。

すると部下にこう叱られました。「出口さんがそこまでアホとは。愛想がつきますよ。あの人は出口さんが偉くなると思っているから走ってくるのですよ。私たちが頼むと何一つまじめにやってくれませんよ。そんなことも分からないのですか」と。

それから、注意深く彼のことを観察するようになりました。部下の言った通りでした。太宗の三鏡の話が腹落ちしました。人はゴマスリには絶対かなわない。「王様は裸だ」と言ってくれる魏徴（ぎちょう）のような部下を持たなくてはと、心から思ったものです。

人間の歴史は99%の失敗の上に成り立っている

さて、剛速球を必死で打ち返し続けていると、脳はへとへとになります。ただ、球が重かった分、頭の中には様々な毒が残っていると思います。「花には香り、本には毒を」ですから。恐らく、こうした読書でしか得られない「何かの毒」が頭の中に残っているはずです。

『自分のアタマで考えよう』
ちきりん
ダイヤモンド社／2011年

でも、「これで終わり」と思ったらダメです。学んだことをテコにして、自分の頭で考えて意思決定を下し、問題を解決しなければいけない。**重いものをたっぷり読んだ後、総仕上げとして、「自分の頭で考える」ということについておさ**

らいしましょう。

それに**役立つのが、ちきりんさんの『自分のアタマで考えよう』です。**いくらインプットしても、自分の頭で考えない限り何の役にも立ちません。当たり前ですね。材料がない空っぽの頭で考えてもアイデアはちっとも出てきませんが、本章で東西の重い書物を既に3冊分詰め込んだわけですから、もう大丈夫でしょう。

詰め込んだ後は総仕上げとして自分の頭で考え、意思決定して行動を起こす番です。この本を読めば、自分が行動していかなければ世界は変わらないことが分かるはずです。

こんなことを言うと、一所懸命考えて意思決定し行動しても、会社も、日本も、世界も全然変わらないと思う人もいるかもしれません。ならば、別に何もしなくても同じじゃないか、と。

ただ、人間の歴史を見ていると、世界を変えようと思って立ち上がった人の99%以上は失敗しています。「成功なんかするはずがない」というのが人生の真実です。その通りです。

この真実をきちんと理解した上で、自分の頭で考えて行動すればそれでいいのです。たとえ失敗しても自分は99％の多数派だと、胸を張ればいいだけのことです。

失敗を恐れる人は、みんなが成功して自分だけが失敗するのでは、というあり得ない幻想を抱くから落ち込むのです。みんな世の中を良くしようと思って行動するけれど、ほとんど全員が失敗する。それが世の常であると分かっていれば、もっと気楽に行動できるでしょう。成功するかどうかは結果論にすぎません。

行動しなければ世界は一切変わらない。宝くじを買ったつもりでダメモトで自分も頑張ろうと思った人の中の1％以下の、たまたま成功した人が世界を変えてきた。それが人間の歴史なのです。

抽象論だけでは分からないという人がいるかもしれませんので、実例を挙げましょう。

昔、無学な商人がいました。字も読めず普通の商売をしていた、40歳ぐらいの男性です。

当時の平均寿命は30～40歳ですからもういつ死んでもいい年頃です。ある時から、瞑想にふけっていると耳鳴りがして、神様の声が聞こえるようになりました。

男性は不安に思い、友達や上司に相談します。すると、みんな答えは一様で、「そろそろボケが始まったんじゃないか」とか、「仕事のしすぎで疲れているんだろう」とか、「もうそろそろ死ぬということかな」とか、誰一人としてまともに取り合わない。

仕方がないから家に帰って、年上の奥さんにこう言いました。「どうしたらいいだろう」と。

奥さんは、「あんたと所帯を持ってから十数年、子供も生まれた。あんたは正直者や。そんな嘘とかでたらめを言う人ではないから、あたいはあんたについていく」と励ましたのです。

男性は奥さんのおかげで自信を持ち、最初はおずおずとですが、「神様がこう言っている。神様を信じて行動しよう」と人々に伝え始めました。

この男性は、イスラム教の創始者、ムハンマドです。イスラム勢力がシリア、エジプト、中東、ペルシャ、北アフリカといった豊かな地域を傘下に収めたのは、ムハンマドが死んでからわずか半世紀後のこと。

何事でも1人の行動から始まるのです。ムハンマドと同じような男性は、何百人、何千人といて、みんな失敗して討ち死にしたでしょう。でも、挑戦する人が続かないとこうしたことは起こらない。

日本のビジネスパーソンの皆さんも、ぜひチャレンジしてください。特に40代、50代の皆さんは意外とリスクが小さい。自分の実力もある程度分かっているし、会社で役員になれるか、なれないかも分かる。

先がある程度見えるのだから何のリスクもないでしょう。先が見えればリスクはコストに転化するのです。

健康でやる気があれば、何かしらの仕事をして食べていくことはできる。ムハンマドが何回も殺されかけていることを思えば、何だってできるはずです。しかも、現在の日本は大幅な労働力不足に悩んでいます。たとえ、仕事をクビになっても飢死にするリスクはほとんどありません。

60歳でライフネット生命を開業した時もそう思っていました。古稀でＡＰＵの学長に就任した今もそう思っています。チャレンジし続けようと。自分はいざとなれば、旅行会社の添乗員をすればご飯は食べていけると。

僕は旅が大好きで、世界のおよそ70カ国、世界の都市は恐らく１２００都市以上は、自分の足で歩いています。友人たちとの旅行で、10回以上添乗員を私的に務めたこともあり、個人的には、僕にもっとも適した職業は添乗員だと思っているのです。

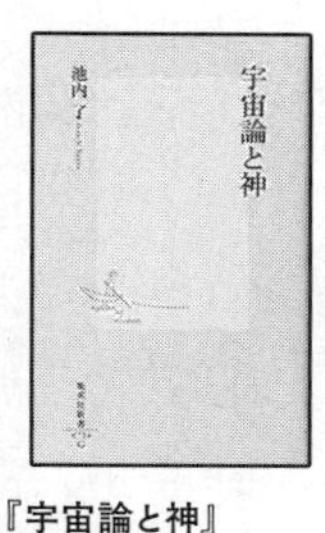

『宇宙論と神』
池内了
集英社新書／2014年

『宇宙は本当にひとつなのか　最新宇宙論入門』
村山斉
講談社ブルーバックス／2011年

固い頭はスケールを極端に変えて柔らかく

ここまで、仕事上の意思決定に悩んだ時に読む本ということで、人間関係について触れた古典や自分の頭で考えるために有用と思われる本を紹介してきました。

それでも悩みが解決せず、煮詰まってしまった場合には、全く仕事に関係ないことを考えて頭をスッキリさせるという考え方もあります。読書には、全く違う情報を取り入れて頭を切り替えるという優れた効用があるからです。

例えば、大阪大学の元総長である鷲田清一先生は研究で行き詰まった時、その研究テーマをグーグルで検索し、検索結果の最後の方に出てくる、全く関係性のないサイトを見ながら、「なんでこんなものが引っ掛かってきたんだろう?」と固くなった頭を切り替えることが習慣になっていると、以前どこかで読ませていただきました。

このように、悩んでいる時は極端にスケールの大きなことを考えたり、逆に小さいことを考えたり、思考の出発点やモノサシを大きく変えて物事を考えてみると気持ちが楽になるものです。

その延長線上で考えれば、**人間社会の意思決定で悩んだ時に、いっそ宇宙にまでスケールを広げてみるのも一つの手かもしれません。**

そんな時に**オススメするのが、村山斉さんの『宇宙は本当にひとつなのか』と池内了さんの『宇宙論と神』です。**どちらも読みやすくて、安くて、薄い本です。人間社会での悩みを超越して、人間社会の営みとは大きく離れたところで頭の体操をしてみたらどうでしょう。

この2つの本によれば、宇宙を組成する物質の24％ぐらいがダークマター（暗黒物質）だといわれていて、残りのうちの72％がダークエネルギーだとされています。ここでいうダークは、「暗い」ではなく「分からない」という意味です。分かっている物質は全体の4％程度で、その4％でありとあらゆる星ができている。私たちの体もそうです。星のカケラですから。

宇宙には銀河が何兆個とありますが、一つの銀河の中のさらに小さい太陽系の中で、さらに小さい地球の、さらに小さい動物が私たち人間です。80年ぐらいしか生きない人間世界から離れて、138億年も経っている宇宙の話を読めば、すっきりすること請け合いです。

私たちはどこから来たのか、という根源的な問いを、138億年のかなたにまで飛ばしてみましょう。

さて、宇宙の果てまで意識が飛んでしまったので、少し地上に戻って軌道修正をする必要がありますね。あまりに飛躍して光のかなたにたたずんでしまうと、人間というものが懐かしく、いとおしく感じられてきたことでしょう。

しかし、ここでいきなり仕事の話に正面から取り組むのはつらいもの。そこでオススメしたいのが、**『バウドリーノ　上・下』です。『薔薇の名前』で知られるウンベルト・エーコの作品です。**

これは、ものすごく面白い物語です。簡単に言うと、諧謔（かいぎゃく）の世界であり、精神の遊びの世界です。有り体（てい）に言えば、大ホラ吹きの物語でしょうか。これを読み、猥雑（わいざつ）な居酒屋のようなシーンを頭の中で回遊、逍遥（しょうよう）して大人のメルヘンに少し心をほぐしながら、宇宙から人間の住む世界へと舞い戻ることにしましょう。

『バウドリーノ』〈上・下〉
ウンベルト・エーコ
／堤康徳（訳）
岩波文庫／2017年

「横文字は嫌い、見るだけでつらくなる」というタイプの方も大勢いらっしゃるようなので、そういう人は**『西遊記　一〜十』、あるいは『三國志逍遙』はいかがでしょう。**

『西遊記』はマンガやテレビドラマなどのモチーフとしてしばしば使われるので、物語自体は皆さんよく知っていると思いますが、実は原作を読んだ人はあまりいないの

『預言者』
カリール・ジブラン
／佐久間彪（訳）
至光社／1988年

『三國志逍遙』
中村愿／安野光雅（画）
山川出版社／2010年

『西遊記』〈一～十〉
中野美代子（訳）
岩波文庫／2005年

ではないかと思うのです。

「『西遊記』なんて、子供じみていていやだ」と思われるようでしたら、『三國志逍遙』をオススメします。これは歴史書で知られる山川出版社から発行されている大人の絵本で、著名な画家である安野光雅さんが大変美しい挿し絵を描いています。文章も本当にさくさくと読めて、「諸葛孔明（しょかつこうめい）はとんでもない奴だ」とか、そういったことが平然と書いてある。文章は中村愿（すなお）さんで、絵本の中でひねりのたっぷり効いた全く新しい三国志論が展開されています。

にぎやかな居酒屋のような『バウドリーノ』や『西遊記』、『三國志逍遙』でおいしいものをたらふく食べたら、次はハーブテ

ィーでお腹をすっきりとさせましょう。そこでオススメなのが、『預言者』です。

カリール・ジブランの詩集で、言葉がどれも本当に美しく、含蓄に富んだ箴言（しんげん）にあふれています。箴言という言葉はまさにこの本のためにあるようなものだと、僕は思いました。この本を丁寧に読むと、かなり高級なハーブティーを飲んだ後のようなさわやかな読後感が得られると思います。

『宇宙は本当にひとつなのか』や『宇宙論と神』（65ページ）で、宇宙のダークエネルギーや138億年の歴史について思いを巡らせた後は、『バウドリーノ』や『西遊記』、『三國志逍遙』でワイワイガヤガヤ、にぎやかな居酒屋で面白い人たちに出会い、おいしいものをたっぷり食べる。

そして、最後は『預言者』ですっきりとしたハーブティーを飲んで、気持ちも頭もすっきりさせる。これできっと、頭が切り替わり、新たな気持ちを持つことができるでしょう。

明日からまた生気を取り戻して、職場で大事な意思決定に取り組むことができること間違いなしです。こういう感じで、ちょっと現実逃避をしてみるラインアップも面白いと思いますが、皆さんいかがでしょうか。

第3章　教養の基本は「人間を知る」こと

私たちは、働く上でも生きる上でも、実に様々な人間とつきあっていかなければなりません。そのためには、人間そのものを理解することが不可欠です。本章では、凡百のビジネス書を読むよりも「人間を知る」ことができる、優れた古典を紹介しましょう。

古典を読めば人間力が高まる

僕は昔から活字中毒者で、たくさんの本を読んできました。新聞も毎朝欠かさず複数紙読んでいます。僕が本を読む時は、原則として作者の思考のプロセスをたどりながらじっくり読みますので、読み返すことはあまりありません。

ビジネスを進める上で本当に役に立つ本は、圧倒的に古典に多いと思います。なぜなら、そこには様々な人間がリアルに描かれているからです。つまり、古典を読めば人間力（人間に対する洞察力）が高まるのです。

まずは『韓非子』です。岩波文庫から出ていて、1巻から4巻まであります。4分冊なので読みやすく、また1冊読んでつまらなければやめてしまえばいいので、気軽に手に取ってみてください。**中国の歴史の中で一番面白いのは、春秋戦国時代だと思います。『韓非子』は、まさに百家争鳴の時代に生きた、天才、韓非が描いた物語です。**

新しいアイデアが出ない時、仕事で失敗した時など、ぜひ『韓非子』を手に取ってみてください。世の中には様々な人間がいて、面白くもあれば面倒くさくもある。そして、春秋戦国時代から人の本性というものは何も変わっていないということが実感できるのではないでしょうか。韓非は文才もあり、数多くの名言も残していますので、語彙（ごい）を吸収するにもとてもいい本です。

次に、『ブッデンブローク家の人びと』を紹介しましょう。トーマス・マンの不朽の名作で、上・中・下の3分冊になっています。簡単に説明すると、**ドイツ**

のあるブルジョアの一族が繁栄し、そして滅んでいく過程を4代にわたって描いた物語です。これが大変普遍性があって面白い。

まず、初代当主がビジネスを立ち上げます。この人はきちんとした教育も受けておらず、いわゆるたたき上げの「成り上がり」です。ひたすら金儲けにいそしんで一生を送るわけです。

『韓非子』
〈第1巻〜第4巻〉
韓非／金谷治（訳注）
岩波文庫／1994年

『ブッデンブローク家の人びと』〈上・中・下〉
トーマス・マン／
望月市恵（訳）
岩波文庫／1969年

2代目は豊かな教育を受けて育ち、一方でお父さんから商才も受け継いでいる。バランスがいいわけですね。比較的余裕のある生活の中で、芸術にも憧れるようになります。

そして、3代目は生まれた時から貴族で、ひたすら芸術の世界に耽（ふけ）ります。当然のことながら商才は乏しく、財力は衰えていき、ブッデンブローク家は衰退の一途をたどっていきます。

優れた古典は心の栄養になる

一家の繁栄と没落の物語は、歴史上では15世紀のフィレンツェのメディチ家（兄脈）が有名ですね。

精悍(せいかん)な「祖国の父」、コジモと通風病みのピエロを間にはさんで、偉大なロレンツォの代には国庫に手をつけざるを得ないほど、メディチ銀行のビジネスはめちゃくちゃになってしまうのですが、一方では文化的な爛熟期、つまりルネサンスは最盛期を迎えたのです。経済力のピークと文化の爛熟のピークにはタイムラグがあるということがよく分かります。

これは人間の社会にも同じことがいえそうです。国や社会が勃興(ぼっこう)して大きくなり、そのうち成熟して芸術に惹かれ、やがて没落していく。

『ブッデンブローク家の人びと』（72ページ）は、この普遍的なストーリーをあ

る一族の歴史という形でとても上手に描いている小説です。人はずっと金儲けだけを続けていくことはできない、どんな国や社会でもやがては滅んでいく。そういった本質を示唆しています。

ちなみに、この作品は、いろいろな作家にインスピレーションを与えています。例えば、辻邦生の『夏の砦』は、この作品をモチーフにした美しい物語ではないでしょうか。

それにしても、欧米諸国は経済のピーク時に芸術品をしこたまため込みましたが、日本はバブル期に何をため込んだのでしょうか。せめて、世界中の美術品を買い占めておけばよかったのに、と皆さん思ったりしませんか。

『王書　古代ペルシャの神話・伝説』
フェルドウスィー／岡田恵美子（訳）
岩波文庫／1999年

「経済指標はGDP（国内総生産）だけじゃない、人々の幸福度を測る幸福度指数の方が重要だ」などと言う人もいますが、幸福についてはともかく、ご飯代をサステイナブルに稼げるようになってから考えましょう、と僕は言いたいです。

僕はGDP派、成長派です。そもそも高齢化が進む中で、お金がなかったらセーフティーネットもつくれません。まだまだ日本は、ブッデンブローク家のせめて2代目でいてほしいものです。

次は**古代ペルシャの物語、フェルドウスィーの『王書』です**。日本でいえば、『古事記』と『平家物語』を足して2で割ったような作品だと思います。

『平家物語』には「諸行無常」、「盛者必衰」などいくつも有名な言葉がありますが、『王書』を読むと実にそっくりであることに驚かされます。

英雄や神様が大勢登場する、**中央ユーラシアの人々の精神的な核になっている、古代ペルシャの人々の魂の物語です。別の言葉でいえば、ペルシャ版「諸行無常」の物語です**。

中国と同様に、ペルシャには優れた文学や詩が山のように残っています。人間はいずれは死ぬわけで、くよくよしても仕方がありません。一度しかない人生なのですから、今日と明日を一所懸命生きるしかない。そんなふうに思わされる1

冊です。そういえば、酒をこよなく愛するウマル・ハイヤーム作『ルバイヤート』も、11世紀のペルシャの作品でしたね。

約2000年前に書かれた『韓非子』は4冊、110年以上前に書かれた『ブッデンブローク家の人びと』は3冊、約1000年前に書かれた『王書』はたったの1冊です。これらの本が示す物語や教訓は、ビジネス書で読むと身近すぎて身につまされたりしますが、遠く離れた世界の物語だと心の栄養になります。どれも古い本ですが、間違いなく人間を知る力を磨くと思います。

『韓非子』と『ブッデンブローク家の人びと』は高校生の時、『王書』は社会人になってから読みました。大学を出て日本生命に入社した時、『韓非子』の登場人物のいわばミニチュア版が会社の中にたくさんいることに気がつきました。それに気がつくと、彼らの行動も読みやすくなります。

また、中東を旅すると、『王書』の内容を知っているだけで、いろいろなことがよく分かってきます。ここでは、世界の様々な人間を知るということで、東洋と西洋と中央ユーラシアの代表的な古典を1冊ずつ取り上げてみました。

古典に勝るとも劣らない現代の秀作

『ドン・キホーテのごとく セルバンテス自叙伝』〈上・下〉
スティーヴン・マーロウ／増田義郎（訳）
文藝春秋／1996年

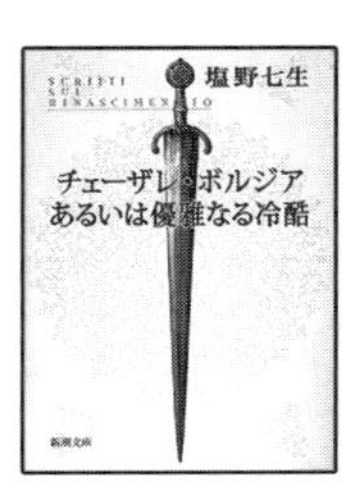

『チェーザレ・ボルジアあるいは優雅なる冷酷』
塩野七生
新潮文庫／1982年

さて、古典3作品だけでは物足りないという人がいるかもしれませんので、**人間を知る力を磨く優れた現代の小説についても触れておきましょう。**

最初は先ほども登場した**塩野七生さんのデビュー作、『チェーザレ・ボルジアあるいは優雅なる冷酷』です。**

この本は何度も読み返しているのですが、読むたびに新しい発見があります。大成する作家はデビュー作が一番素晴らしいとか、あるいはデビュー作の中にすべてがあるとか言う人がいますが、僕もそう思います。初めての長編書き下ろしであるこの作品に、塩野さんの良いところがすべて凝縮されていると思います。

世評が高いのは36ページでも触れた『ローマ人の物語』で、僕も全巻読みましたが、50年先まで残るかどうかといえば、『チェーザレ・ボルジア』の方に軍配が上がると思います。塩野さんが文学に真正面から取り組もうとした時の情熱というか気迫が感じられ、将来の塩野さんを予見させるみずみずしさと、良い意味での「毒」がたっぷり詰まっている素晴らしい小説です。

チェーザレ・ボルジアはルネサンス期の軍人、政治家で、イタリアという国家を構想した偉大な人物です。

「妹と関係を持った」とか、「毒薬を使った」とか、一般には大変評判が悪い人物ですが、そのチェーザレ・ボルジアをこれほど豊かに、魅力的に見せてくれる小説はほかにはないのではないでしょうか。純粋に物語として楽しんでも大変面白いこと請け合いです。

2冊目は少しボリュームがあり、上・下2冊になりますが、**スティーヴン・マ**

ーロウの『ドン・キホーテのごとく』です。

人間の類型は、実は3パターンしかないといわれることがよくあります。それはドン・キホーテ型、ハムレット型、そしてドン・ジョバンニ（ドン・ファン）型の3タイプです。この3つの類型はほぼ同時期に造形されており、先ほど紹介したチェーザレ・ボルジアより100年ほど後、1600年を少し過ぎた時代のことです。

後ろから順番にいきますが、ドン・ジョバンニは、平たくいえば「人生は恋だ」といったイメージです。ただしリアリストですから、一緒に飲んでもあまり面白くはないかもしれません。

ハムレットは人気があるように思いますが、モラトリアム人間の代表格といっていいでしょう。いわば「決められない人」。決断ができずにずっと悩んでいる人というのは、あまり魅力を感じませんね。

そして、ドン・キホーテは、夢を見て、たとえ失敗してもともかく突進する人です。夢想家といってもいい。失敗しても失敗しても突進していく人は、人間としてはとても面白い。3人のうちで誰が一番面白いかといえば、間違いなくドン・キホーテでしょう。面白いのは、ドン・キホーテを生んだセルバンテスも同様です。

ハムレットをつくったシェイクスピアは、本当にいたのかどうかも分からない謎の人ですし、ドン・ジョバンニをつくったセビージャ（セビリア）のお坊さんも、どんな人なのか詳しくは分からない。それに比べてセルバンテスについては様々なことが分かっていて、人物像がはっきりしています。レパントの海戦に従軍してオスマン朝の捕虜になり、アルジェリアでいろいろな辛酸をなめました。

普通は、そういう体験をするとリアリストになりそうなのに、当時の平均寿命をかなり超えたおじいさんになってから亡くなるまでの10年の間に様々な作品を生み出している。俳優・（先代）松本幸四郎さんの十八番のミュージカル『ラ・マンチャの男』のように、セルバンテスを扱ったミュージカルもありますね。

その生涯を、**セルバンテスの自叙伝という形で小説にしたのが、『ドン・キホーテのごとく』です。**スティーヴン・マーロウの文章は読ませます。ぜひ異才の生涯を堪能してください。登場人物も多く、どこか猥雑で雑多な、曼荼羅的な面白さがあります。極論すれば、**人生の喜怒哀楽のすべてがこの物語にぎっしりと**

詰まっているといっていいでしょう。

もう1冊、典型的なクラシックスタイルですが、**ベルンハルト・シュリンクの『朗読者』もオススメです。映画にもなりましたが、文章が大変美しく、凛とした雰囲気のある小説です。**若者の淡い恋と戦争の悲惨さをミックスした、重いテーマでありながらも素晴らしい小説です。

『ドン・キホーテのごとく』と比べれば登場人物も少なく、近代の演劇を見るような、緊張した空間の中で優れた小説構成ができあがっています。最近作の『階段を下りる女』(松永美穂訳　新潮社)も素晴らしい出来映えです。

さらに、2012年に亡くなった、**アントニオ・タブッキの『供述によるとペレイラは……』もオススメです。**文章表現もひょうひょうとした感じで読みやすいのですが、物語を進めていくスタイルがまた面白い。

誰が取り調べをしているのか分からないのですが、「供述によるとペレイラは……」で文章が始まり、それだけで物語全体を構成しています。物語はテーマと構成がある意味ですべてです。

『白い城』
オルハン・パムク／宮下遼、宮下志朗(訳)
藤原書店／2009年

『供述によるとペレイラは……』
アントニオ・タブッキ／須賀敦子(訳)
白水Uブックス／2000年

『朗読者』
ベルンハルト・シュリンク／松永美穂(訳)
新潮文庫／2003年

舞台はファシズムの影が忍び寄るポルトガル。リスボンの小さな新聞社で、文芸を担当している妻を亡くした中年男性記者ペレイラが、ある若者たちとの出会いから思いもかけない運命の変転に見舞われる物語です。

薄くて気軽に読める本ですが、思想的な統制のにおいが強く漂う不穏な社会背景をしっかり描写しており、物語としての奥は大変深い。これは本当にオススメです。

ここまできたら、また歴史をちょっとさかのぼって、**オルハン・パムクの『白い城』はどうでしょう。**

パムクはノーベル文学賞を受賞したトルコ人で、『白い城』は初期の傑作です。イスタンブールに奴隷として売られたベネチア人とそのオーナーの物語で、この2人がしまいには入れ替わっていくのです。東と西、まさに欧州とアジアの懸け橋といわれるイスタンブールを舞台にした小説ならではの醍醐味(だいごみ)があります。

因みに、パムクの書く本は、『わたしの名は赤』(新訳版、宮下遼訳　早川書房)をはじめとして、ほとんどすべてが傑作だといっていいでしょう。

ここまでで、読者の皆さんがご存じのラインアップは何冊ありましたか。ひょっとしたら1冊も読んだことがないかもしれませんね。それなら本望です。読書オタクの僕がもう1回読みたいという前提ですから(笑)。読者の皆さんが知っている本ばかりだったらあまり面白くはないですよね。

本章では3冊の古典に続けて、日本、米国、ドイツ、イタリア、トルコの5冊の現代小説を紹介しました。

優れた小説は人間観察が秀逸です。それを読み込むことによって、私たちの人間に対する理解力が少しずつ養われていく。人の心をつかむためには、様々な人間のあり方を知ることが何よりも大切だと僕は思います。

COLUMN

出口流、本の選び方

昔は、暇があれば、書店に通っていました。

29歳で東京に出て来てからは（1977年のことでした）、神保町が主でしたが、八重洲ブックセンターや新宿の紀伊國屋書店にもよく足を運びました。1時間ないし2時間、書店をぶらついて、新刊をはじめ、文学、歴史、美術、哲学や宗教などのコーナーを回っては、面白そうな本を探すのです。

というより、面白そうな本が向こうから勝手に目の中に飛び込んでくるという感じでしょうか。謎めいたタイトル（例えば『迷宮に死者は住む』新潮社）や素敵な装丁（例えば『地図と領土』筑摩書房）の本は、それだけで書店の店先で強烈な自己主張を行い、光輝いているのです。

勝手に飛び込んできた本は、最初の10ページを立ち読みして、面白ければ、即、購入していました。その結果、狭いわが家（社宅でした）は本であふれ、廊下にも天井まで山積みする羽目に。本が崩れてきて危ない思いをしたことが何度もありました。

しばし熟考して、頭を保有から貸借に切り替えました。ちょうどロンドンへの赴任が決まった時期（１９９２年）でした。社宅も引っ越さなければなりません。思い切って、蔵書はすべて古本屋さんに引き取ってもらいました。

2回に分けて来てもらい、それぞれ30万円前後頂いた記憶があります。岩波の全集や初版本がたくさんあったので、恐らくそれなりの値段がついたのでしょう。それからは近くの図書館で借り、図書館にない本に限って購入する、というパターンに変わって現在に至っています。

ライフネット生命を開業する（２００８年）までずっと書店通いを続けていましたが、ライフネット生命プロジェクトを始めた途端に、当然のことですが時間が取れなくなりました。

まず、最低でも月に1、2本は観ていた映画を捨て、次に書店通いも捨てざるを得なくなりました。では、どうやって読む本を選んでいるかというと、7~8割は新聞の書評からです。

僕は毎日3紙に目を通していますが、週末には各紙に書評が載ります。それを読むと、平均して週に4~5冊は、ムラムラと「これはもう読むしかない」という気持ちが湧き起こる書評に出合います。ジャンルは一切問いません。即パソコンで近くの図書館に予約を入れて、それを読んでいるというわけです。

新聞の書評欄は、すべての新聞記事の中で最も信憑性が高いと思っています。なぜなら、例えば有名な大学の先生が自分の専門分野の本について「本名で」書いているからです。いいかげんな本を選んだり、いいかげんな書評を書いたりすれば、即レピュテーションに傷がつきます。つまり、一所懸命書かざるを得ないインセンティブ(もしくは仕組み)が備わっているのです。署名記事でなければ、かなり自由に書けるでしょうが……。

加えて、新聞は、中立性というかバランスを重んじるので、書評欄に取り上げられる本もバランスが取れています。特定の分野に偏ることはまずありません。従って、新聞の書評欄は、本を選ぶ時間のない人間にとってはパラダイスのごとくありがたいものなのです。

あとの2～3割は、図書館でぶらぶらして探したり、友人の薦めに従ったりして選んでいます。2013年4月からは、こうして読んだ本の中で心に残ったものを書評の形で書き留めています。よかったらご覧ください(http://honz.jp/search/author/出口%20治明)。

『迷宮に死者は住む　クレタの秘密と西欧の目覚め』
ハンス・ゲオルク・ヴンダーリヒ　関楠生(訳)
新潮社／1975年

『地図と領土』
ミシェル・ウエルベック　野崎歓(訳)
ちくま文庫／2015年

第2部

歴史から叡智を学ぶ

第2部のテーマは、歴史です。僕自身が歴史オタクですので、歴史に関する本はとりわけたくさん読んできたように思います。その中でも、選りすぐりと考える本を、紹介していきましょう。

第4章　歴史の面白さを知る

『歴史』〈上・中・下〉
ヘロドトス／松平千秋（訳）
岩波文庫／1971〜72年

『〈普及版〉地中海Ⅰ（環境の役割）』〈1〜10〉
フェルナン・ブローデル／浜名優美（訳）
藤原書店／2004年

第5章　戦争を見る眼を養う

『夢遊病者たち』〈1・2〉
クリストファー・クラーク／小原淳（訳）
みすず書房／2017年

『第二次世界大戦1939-45』〈上・中・下〉
アントニー・ビーヴァー／平賀秀明（訳）
白水社／2015年

第6章　神話と宗教について考える

『岩波講座 宗教〈1〉宗教とはなにか』
鶴岡賀雄／池上良正ほか（編集）
岩波書店／2003年

ヘロドトスが言いたかったこと

以下、各章のコンセプトを簡単に説明しましょう。

第4章のタイトルは「歴史の面白さを知る」です。いくら歴史の教養が必要だといっても、面白くない歴史書は読んでいても苦痛なだけです。そこで**この章では、自信を持ってオススメできる「面白い歴史書」をたっぷりと紹介します。**

といっても、ただ面白いだけではありません。例えば「歴史の父」と呼ばれるヘロドトスの『歴史』の冒頭数行を読んでみてください。

「本書はハリカルナッソス出身のヘロドトスが、人間界の出来事が時の移ろうとともに忘れ去られ、ギリシア人や異邦人（バルバロイ）の果した偉大な驚嘆すべき事蹟の数々――とりわけて両者がいかなる原因から戦いを交えるに至ったかの事情――も、やがて世の人に知られなくなるのを恐れて、自ら研究調査したところを書き述べたものである」

ヘロドトスの『歴史』はこの数行だけでも読む価値があります。本当に深い文章だと思います。僕の理解では、ヘロドトスはきっとこう言いたかったのだろうと思います。

「人間はしょっちゅうアホなことをやっている、懲りない動物や。女性をめぐって争ったり、金をめぐって争ったり、本当にアホや。そこで、私、ヘロドトスが世界中を旅して見聞きしたためになる話や面白い話をちゃんとここに書いておくから、これを読んでアホなことを何回も繰り返さないように注意しなさいよ」

僕は、リーダーには歴史の教養が不可欠だと思っています。なぜなら、リーダーには、あらゆる行動の前提になる「人間観」が必要だからです。

歴史を勉強すると、過去の人間たちがどのような条件下でどういった暮らしをし、どのような思考を持っていたかを追体験することができる。そうしていくうちに、我々現代人と過去の人々がさほど変わらないのではないかということに気づけるはずです。第一、脳はこの一万年、進化していないのですから。

昔の世界でも「愚かな人間」はたくさん存在していた。現代だって同じです。つまり、我々人間というのは基本的に愚かな動物だという認識を持つことが、僕たちが歴史の教訓から学ぶことのできる大切な「人間観」なのです。

優れた歴史の見方を学べる本として、ぜひ読んでほしいのが、フェルナン・ブローデル『地中海』です。

ブローデルは、歴史を「長波・中波・短波」の組み合わせで捉えます。「長波」は、自然環境や気候の変化など、非常に長期的な影響や変化を引き起こすもののこと。例えば、紀元前1200年頃、ヒッタイトやミケーネ文明などたくさんの国が気候変動などで滅びました（BC1200年のカタストロフ）。このような、人間にはどうすることもできないマクロの現象が「長波」です。

「中波」は宗教の発展、王朝の興亡、長期の戦争などのような動きです。これも

「長波」ほどではないけれども、中長期にわたって影響を及ぼします。

それに対して「短波」は、歴史に登場する個人や個々の様々な出来事のことです。

ブローデルは、歴史は「中波」と「短波」が組み合わさって、様々な変化を生み出すように見えるが、時代が大きく変化していく時には、「長波」の動きをしっかり捉えなくてはならない、と述べています。

この考え方は、人生やビジネスにも応用可能です。**現在の自分や会社が置かれている状況を、長・中・短という時間軸のスパンで位置づけてみる。現在を立体的に測定するためにも、ブローデルのような歴史観を学ぶ必要があるのです。**

2つの世界大戦を読み解く必読本

第5章のテーマは「戦争を見る眼を養う」です。とりわけこの章では、2つの世界大戦を読み解く本を紹介します。

20世紀の間に、人類は、第1次世界大戦、第2次世界大戦、東西冷戦という3回の世界規模での大戦を経験しました。21世紀に入り、ようやく平和が訪れたかと思いきや、「9・11」同時多発テロ事件が起こり、世界の雲行きは再び怪しくなっています。

近年の世界を眺めても、中東では紛争が頻発し、中国はベトナム、フィリピンなどの近隣国と領海問題で小さな衝突を繰り返しています。また世界のあちこちでテロ事件が起きています。北朝鮮は核やミサイルの開発を着々と進めてきました。

いったい世界はどこに向かっているのか。もちろん、これから何が起こるかは分かりません。でも、**教材は過去にしかない。2つの世界大戦について学ぶことから、世界の動きを見る眼を養ってください。**

そのための必読本としてオススメしたいのが、第1次世界大戦ではクリストファー・クラーク著『夢遊病者たち　1・2』、第2次世界大戦ではアントニー・ビーヴァー著『第二次世界大戦　1939‐45』（全3巻）の2作です。

『夢遊病者たち』は、第1次世界大戦がなぜ始まったのか、本来であれば、オーストリア対セルビアという第3次バルカン戦争（局地戦）にとどまったはずの争いがなぜ世界規模に拡大していったのかを丹念にルポした傑作です。関係国のリーダーたちが夢遊病者のように右往左往する姿が克明に描かれています。

例えばロシアの皇帝は、動員令を発したらドイツを刺激するから、部分動員でどうか、と大臣に尋ねる。すると大臣は、ロシアの鉄道事情では、「混乱を招くから」という理由で、部分動員はできないと答える。要するに、やるなら全部動員するかしないかのどちらかだ、と。

イントロダクション

唖然とするしかありません。ドイツを刺激して戦争になるリスクがあるかどうかよりも、国内の鉄道事情で混乱を招くかどうかの話に引きずられていくわけですから。有事のリーダーはどうあるべきかを学ぶうえでも、この本に描かれた「夢遊病者たち」を反面教師にすることが大切です。

『第二次世界大戦 1939‐45』は、第2次世界大戦を全世界トータルで理解するのにうってつけの本です。上・中・下の3巻本ですが、とりわけ中巻を締めくくるホロコーストの章は圧巻です。わずかなページの中で、ホロコーストの全体像が見事に描かれている。この章を読むだけでも、本書を買う価値があります。

著者はヨーロッパの専門家なので、アジアについてはやや物足りないと思う人がいるかもしれません。それでもここまで詳しく第2次世界大戦の全貌を描き切った本はほかにはないと思います。

そもそも宗教とは何か

第6章は「神話と宗教について考える」がテーマです。

人間の歴史は、神話や宗教と深くかかわり合ってきました。宗教は信仰という側面だけではなく、権力や民族問題などともからみ合っていることを、きちんと理解することが大切です。

とはいえ、宗教という要素をあまりに誇張しすぎるのも考えものです。中東に関する事件が報道されると、必ず宗教問題に絡めて解説するような論者はあまり信用しない方がいいかもしれません。

僕はユース・バルジ（〝若者の膨らみ〟の意。人口ピラミッドで男性の若年層〈ユース＝15～29歳〉が膨らんでいる状態）の方がはるかに影響が大きいと思っています。宗教が中東問題のすべてだという見方は、日本の神話が分からないと、現代

イントロダクション

日本の課題が分からないといっているようなもの。そんなはずはありません。
では、なぜ神話や宗教について学ぶ必要があるのでしょう。それは、やはり過去の人間の考え方や行動を知ることができるからでしょう。宗教もまた歴史の一部なのです。

しかし、「それでは宗教とは何か」、と改まって問われても、なかなか答えにくい問題です。**「そもそも宗教って何だろう?」という始原の問いを押さえておくには、『岩波講座　宗教〈1〉宗教とはなにか』(岩波書店) がオススメです。**

社会の仕組みの変化や価値観の変化などをふまえ、宗教を多角的に、客観的に捉えるため、11人の専門家が健筆をふるい、宗教を解剖する1冊です。

読み応えはあるものの、一般向けに書かれた宗教の本としてはとてもよくまとまっていると思いますので、総論として読んでみましょう。

この本の中でもとりわけ「近代日本の宗教像」(幡鎌一弘氏)、「運動としての宗教」(竹沢尚一郎氏)、「宗教と政治」(小杉泰氏) などが、現代社会の変化を理解する上でも有益な章だと思います。以下、何カ所か引用してみましょう。

「近代の宗教言説のもっとも著しい特徴は、宗教の関わる言説の脱教会化・脱教団化である。教会制度や教団の外部において宗教が際限なく論じられることこそが、近代以来今日に至る宗教言説の特徴なのである」

（「『宗教』の生誕」深澤英隆氏）

「『宗教』の一般的定義がきわめて困難であることは、およそ宗教の概説書に共通して言明されているところである」

（「アジア・アフリカ的翻訳」杉本良男氏）

「彼ら（編集部注：ブッダやイエス）は、現世の秩序を否定し、旧来の宗教のあり方を否定する宗教思想家として語ったのである。

そのように、旧来の宗教を否定し、現世の秩序を拒否することを説いた彼らの思想が、広く受け入れられ、大衆的な宗教運動にまで発展したのはなぜであったか。おそらくそれは、戦争と大きな変化の相次いだこの時代に、共同体のきずなが弛緩し、貧困や差別に苦しむ人びとが大量に生み出されたことに原因があったのだろう」

（「運動としての宗教」竹沢尚一郎氏）

宗教に対する僕の個人的な考え方も述べておきましょう。いくら考えても分からないことを神の仕業と呼んだところで、そのこと自体は何も問題はない、というのが僕の考え方です。

謎だらけの宇宙についても、「人間性原理」という考え方があり、研究すればするほど宇宙の構造は、人間の頭に理解しやすくできている、また宇宙の姿そのものも人間の頭の構造に似ていると分かってきた、という話を聞いたことがあります。人間の脳は遺伝子の指令のみならず、「揺らぎ」の繰り返しによってできあがるそうです。宇宙もビッグバン以降、揺らぎによって急速に変化して、膨張していきました。

人間はその発達した脳で、言葉や文字をつくり、論理的思考をするようになり、自然界の摂理を形づくっているものに対してロジックで支配しようと思い始めます。そしてそのロジックの正体を神と呼び、誰がこんなにも便利な世界を設計したのか、と考えたのです。

科学がどんどん発達して神の存在が小さくなってくると、今度は人間が自然界のルールを支配しようとさえ考えるようになりました。

しかし一方で、現在、宇宙のことも地球のことも、ほとんど分かっていません。地球上で確認されている元素は宇宙の4％にすぎませんし、宇宙の約4分の1はダークマター（暗黒物質）でできています。その残りはダークエネルギー（暗黒エネルギー）といって、その正体は何も分かっていないのです（67ページ）。

その全く分からない部分を「神」と呼んでみても、きっと問題はないでしょう。もし宇宙についてすべて解明される日がきたら、その時になって初めて、人類の頭から「神」という言葉が消えるのかもしれません。

第４章　歴史の面白さを知る

「さあ、歴史を勉強するぞ」と思ったとき、最初に読むべきは「面白い歴史本」です。好きになってしまえばしめたもの。１冊がきっかけとなって、次々に読みたい本が増えていきます。本章では、歴史オタクの僕が自信をもって推薦したい「面白い歴史本」を披露します。

目からウロコが落ちる歴史の本

本は何でもそうですが、歴史書もまず面白くなければ全く意味がありません。つまらない本から読み始めると、それこそ歴史嫌いになってしまいます。そこで、**まず最初にこちらの本を読んでみてください。『アンダルシーア風土記』です。**

「アンダルシーア」は、イスラム王朝が支配した時代のスペインの呼称で、その時代に関する話が中心です。学校で習った後ウマイヤ朝（７５６〜１０３１年）からグラナダ王国が滅ぶ１４９２年までの約８００年にわたる「幸福なスペイン」の物語です。

この本ではアンダルシーア地方の歴史を、カエサルも登場する古代ギリシャ・ローマあたりからイスラムの台頭、後ウマイヤ朝の支配を経て、イスパニア（スペイン）の女王の使いで旅に出たコロン（コロンブス）がカリブ海の島、新大陸に到達する１４９２年あたりまでをたどっています。

後ウマイヤ朝時代におけるスペインの支配者は、まさに『アラビアン・ナイト』の世界に生きた人たちでした。『アラビアン・ナイト』は、美女や王の寵姫が活躍する物語です。実際、スペインの各イスラム王家は、歌舞音曲をとても大事にしていました。

元来、アラブ人はストイックで喧嘩に強かったはずですが、スペインのように気候が暖かくてオレンジがたわわに実る国にやってきて、大勢の美女に囲まれる暮らしを続けた結果、どんどん軟弱になっていきます。そして、キリスト教国に押されるようになりました。

王朝の支配者たちは、アフリカには同じムスリムであるベルベル人がつくった強い軍隊を持った国家があるので、彼らに支援を仰いで、もう一度キリスト教国を撃破しようかなどと考えますが、その一方で、「ベルベル人は確かに強力な武力を持っているが、アンダルシーアの妖艶で楽しい歌舞音曲の世界に浸り切っている自分たちを見れば、きっと堕落していると思うに違いない。そして、我々をつぶそうとするのではないか」などと本気で悩む。

そういった様子が描かれている本書は実に人間味あふれる良書です。

『アンダルシーア風土記』
永川玲二
岩波書店／1999年

『アラビアン・ナイト』〈全18巻・別巻〉
前嶋信次、池田修（訳）
東洋文庫（平凡社）／1966〜92年

「歴史を面白く」ということで、次の推薦

本はこちらです。**『気候で読み解く日本の歴史』。この本は、読み物としてどこから読んでも面白いのですが、「えっ、歴史ってそうだったっけ?」と、目からウロコがボロボロ落ちる点でも特筆に値します。**

例えば、源氏と平家の争いではなぜ源氏が勝ったのでしょう。私たちは平清盛が権力を握って傲慢になり、悪い政治をしている間に源氏は東国でじっと耐え、質実剛健に頑張っている中で、源義経という天才的な武将が現れて平家は滅んだ。おごれる者は久しからず……と、そういう印象で捉えていませんか。でも、実際は全く違うらしいのです。

著者が当時の気象条件をよく調べたところ、東日本は作物ができたのに、平家が地盤としていた西日本は天候が不順で食べ物がなかった。

自分の地元で食べ物がなかったら、当然お腹がすいて戦いもろくにできない。「腹がへっては戦さができぬ」で平家は滅んだ、と指摘するのです。

『気候で読み解く日本の歴史　異常気象との攻防1400年』
田家康
日本経済新聞出版社／2013年

農業が国の主要産業である時代は、気候変動が歴史を動かす原動力になるのですね。気候変動は大変恐ろしい。

この本は面白いだけではなく、地球温暖化がいかに怖いかということを同時に思い知らせてくれます。**歴史を理解する上では英雄の事績や戦乱の行方を押さえるだけではなく、自然科学の力を借りることがとても重要だということを実感させてくれる本です。**

「俺たちがベッドインするところを陰で見ていろ」

気楽に読める本2冊を攻略したら、次は本格的な作品へと進みましょう。

歴史を読むにはやはりこれです。ヘロドトスの『歴史』、そして、それと並ぶ古典的名著『史記』（『史記』は『史記列伝』から入る方がいいと思います）。歴史を学ぶ王道ですので、これを機会に攻略しましょう。

『歴史』〈上・中・下〉
ヘロドトス／松平千秋（訳）
岩波文庫／1971〜72年

『歴史』には、ヘロドトスがあちこちで聞きかじった、人権などひとかけらもない古代の人々が巻き起こす、時にひどく残酷で、時に愉快なエピソードが山のように集められています。2000年以上も前の人々の出来事なのに、大変身近に感じられます。

僕が面白いと思った有名な話を一つ。映画『イングリッシュ・ペイシェント』にも使われていましたね。

紀元前680年頃、リュディアという国にある王様がいました。自分の王妃がいかに美しく、素晴らしいかをいつも自慢していました。

ついには、一番有能な大臣ギュゲスに、「俺たちがベッドインするところを陰で見ていろ。そうしたらいかに俺の妻が美しいかが分かるだろうからな。はっはっはっ」と命令するのです。

ギュゲスは仕方なく扉の陰に隠れて王妃が衣服を脱ぐ姿を覗き見たのです。ところが、王妃はそれに気がついていた。翌日、王妃はギュゲスを呼んで、次のように言い渡します。

「お前が進むべき道は、二つしかない。（夫である）王を殺して、私と王国をわがものにするか、さもなくば、この場で死ぬか。もうそなたが王の言いなりになって見てはならぬものを見ることが二度とないように、このようなことをたくらんだ王か、あるいは私の肌を見るというとんでもないことをしでかしたそなたか、いずれかが死なねばならぬ」（要約）

ギュゲスは絶望し、どちらか選ばざるを得ないのであれば自分が生きながらえる方がいいと思い、王を殺します。そして、王妃と夫婦になり自らが王になりますが、なんとこのギュゲスは、後世にも高く評価されるほど立派に国を治めた名君になったのです。

ここで、読み手はいろいろな憶測が可能です。殺された王様は、実は王妃から軽蔑されていたのかもしれない。あるいは、ギュゲスは有能なだけではなく男性としても魅力的で、王妃が機会をうかがっていたのかもしれない。王妃は今風に言うと、「ちょうどいいわ、あのいやらしくて下品な王を殺して、この若くて有能なイケメン大臣と添い遂げよう」とでも思ったのかもしれない。

一つの教訓は、女性は恐ろしいということかもしれませんね。誰かが話していた言葉の受け売りですが、「地球上で最も太い神経を持っている男性の神経の太さは、地球上で最もか弱い女性の神経の太さの半分にも満たない」。子供を産むという苦痛に耐える女性の神経が細いはずはないですね。男性は女性から見たら本当に甘っちょろい、精神的にも弱い動物かもしれません。

若干横道にそれたので話を戻します。次の本、**『史記列伝』の素晴らしさは、もう説明するまでもないでしょう。**荊軻（けいか）や屈原（くつげん）の物語は皆さんも聞いた覚えがありますね。**教訓に満ちた古代中国の英雄、賢人たちの生涯を網羅した偉人伝ですから、黙って読むべきです。**

極論すれば、この2冊から歴史が始まったのですから人生の滋養として読んでみてください。ヘロドトスと司馬遷、この2人が歴史を学ぶための最初の攻略ポイントだと思います。

『史記列伝』〈全5巻〉
司馬遷／小川環樹ほか（訳）
岩波文庫／1975年

このヘロドトスが、実際のビジネスでも役に立ったのだから人生は面白いものです。

僕は44歳の時に、初めての海外赴任をロンドンで経験しました。その際、とある投資銀行のトップにあいさつに行った時にこう尋ねられました。「UK（連合王国）について何を知っているのか」と。「ほとんど何も知らないが、UKの王様の名前ぐらいなら全部そらんじている。ウィリアム1世、2世、ヘンリー1世、スティーブン、ヘンリー2世……」。

するど、相手は笑い出しました。「歴史が好きなのか」「大好きだ。ヘロドトスからチャーチルに至るまで」「自分もヘロドトスが大好きだ」。

こうして、あっという間に相手と打ち解けることができました。歴史が実際のビジネスで役立った一例です。

あの源頼朝像は頼朝ではなかった！

歴史的名著を2冊紹介したところで、ちょっと脱線します。**僕は絵画が大好きですが、実は絵画についても、「歴史って本当に素晴らしい」と思える本があります。例えば、ロベルト・ロンギ著、『イタリア絵画史』です。**

『イタリア絵画史』
ロベルト・ロンギ／
和田忠彦ほか（訳）
筑摩書房／2009年

「最初に、いまさら言うまでもないが、芸術とは現実の模倣ではなく、個人的な現実解釈である」。この本は、冒頭からこう芸術を定義します。そして、「異なる時代に生れた芸術作品が共有する要素をいくつか抽出することによって、一連の絵画的見方、つまりそれぞれの様式を構築することが可能になる。ではそれらの様式を〈絵画〉そのものの中に見てゆくことにしよう」と、話をスタートさせます。

歴史は何も人間の物語だけではなく、音楽や美術など、いろいろなものすべてに歴史がある。なぜすべてのものに今の姿があるのか。お茶にも、お花にも、すべてに各々の歴史があり、歴史があってこそ今の姿があるのです。

歴史が苦手だという人は、例えば俳句が趣味なら俳句の歴史でもいいし、お茶の歴史でもお花の歴史でもいいので、皆さんが好きな分野の歴史書をぜひ読んでみてください。僕は美術が好きなので、ロンギをバイブルにしています。歴史の奥深さ、どんな対象にも豊かな歴史があることを知ってほしいのです。

ピアノの歴史にも触れてみましょうか。

私たちに美しいピアノ曲を遺してくれたモーツァルト、ベートーベン、ブラームス、ショパン、リスト、シューマン、ドビュッシーといった著名な作曲家の名前は皆さんもご存じでしょう。リストが19世紀の社交界のアイドルで、演奏を聴いた女性に失神者が続出したとか、ショパンをシューマンが褒めたたえたのがきっかけでショパンが世に出たとか、作曲家をめぐる逸話は一般に紹介されることが多いようです。

しかし、肝心の楽器としてのピアノについては、プロの音楽家であっても意外に無頓着です。

スタインウェイのコンサートグランドピアノが演奏会では素晴らしいということは有名ですが、そのほかにはヤマハしか知らない、などという人も日本では珍しくありません。それもそのはず。1946年にたった24台だった国産ピアノの生産台数は、高度成長の波に乗って1970年代には30万台を突破、今では日本が世界最大のピアノ生産国になっているからです。

その陰には、一流のピアニストに認めてもらえるピアノづくりにかけた技術者たちがいました。欧米に追いつけ追い越せと情熱を傾け、**世界に誇れる素晴らしいピアノづくりを実現した日本人の技術者たちを描いた『日本のピアノ100年』は、近代世**

『日本のピアノ100年 ピアノづくりに賭けた人々』
前間孝則、岩野裕一
草思社／2001年

界や日本の音楽史・産業史としても楽しめるオススメの1冊です。

ヤマハのピアノに一目ぼれしたという伝説的ピアニスト、グレン・グールドの逸話が冒頭で紹介され、思わず引き込まれます。このような天才を魅了するようなピアノを、後発のヤマハがいかにしてつくり上げたのか、その物語が展開されていきます。

もちろん、日本には国産のヤマハだけではなく、スタインウェイやベヒシュタイン、ヤマハが傘下に収めたベーゼンドルファーなど、素晴らしい音色を誇る外国産のピアノもたくさん輸入されています。スタインウェイもベヒシュタインも、創業はショパンやリストがフランス社交界で大活躍していた1853年でした。素晴らしい楽曲をつくってきた偉大な音楽家と演奏家の試行錯誤の中から、現在のピアノの形が生まれたことが見て取れるのではないでしょうか。

ちなみに、この年はペリーの黒船がやってきた年でもありました。

さて、ここでもう1冊、歴史を少し違った角度から考える面白い本を紹介しましょう。『国宝神護寺三像（じんごじさんぞう）とは何か』です。

『国宝神護寺三像とは何か』
黒田日出男
角川選書／2012年

表紙の絵は、神護寺三像です。左上の写真を見て、ああ、これは源頼朝だと思った人も多いのではないでしょうか。この源頼朝像はとても有名です。

ところが、この本ではこの肖像画は源頼朝ではなく、足利尊氏の弟の足利直義だとほぼ断定しています。

そして、平重盛といわれていた絵が、実は足利尊氏であるとする新説を裏づける論拠を様式面や材料面などから丁寧に検証し、通説を完膚なきまでに論破しています。謎解きの様子が推理小説のように描かれていて、とても面白い本です。

新しい発見が相次ぎ、このように歴史は一歩一歩、真実に近づいていくのです。

本当の歴史は市民の生活の中にある

最後に、歴史のダイナミズムを愉しめる本を何冊か紹介しましょう。

長い人間の歴史の中で、一番ダイナミックなのはモンゴル帝国の時代です。この地球上で一番大きい国をつくったのはモンゴルだからです。中国からハンガリー大草原まで一つの国にしてしまったわけで、人類の歴史の中では一つの奇跡です。

『モンゴル帝国の興亡』〈上・下〉
杉山正明
講談社現代新書／1996年

その国がどのように発展し、滅びたのか。それがよく理解できる『モンゴル帝国の興亡　上・下』をオススメします。

本章の冒頭（103ページ）で紹介した『アンダルシーア風土記』と少し接点がありますが、この本でもコロン（コロンブス）が登場します。この本によれば、1492年にコロンが向かったのは「ジパング」や「インド」ではなく、モンゴル帝国の都の「大都」だというのです。コロンはカスティージャの女王イサベルから、中国の地にいる大カアン、すなわちクビライにあてた手紙を預かっていました。

そして、大都を「整然たる統制美と驚くべき繁華さに満ちた巨大都市」として紹介していた『百万の書』、俗にいうマルコ・ポーロと呼ばれる誰かの『東方見聞録』も携えていました。もちろん、コロンが船出した時点ではクビライが建設した大帝国はもはや存在していませんでした。しかし、『百万の書』は活版印刷技術の普及も手伝って、多くの欧州の読者を魅了し続けました。その大都のきらびやかなイメージは脈々と生き続け、コロンを突き動かしたのです。

人口の少ないモンゴルが、なぜこれほどまでに冒険家を惹きつけるほど栄え、なぜ中国からイラン、ロシア、ハンガリーまで遠征して広大な帝国を支配できたのか。読んでいてわくわくしますし、とても勉強になります。

そして結びは、再び日本に戻りましょう。

今の日本は戦後にできた国です。フランスは今、第五共和政です。なぜ第五というのかといえば、政体が変わって憲法が5回、大改正されているからです。

でも、第五共和政などと番号をつけて呼んでいるのはフランスぐらいのものです。フランス風に呼べば、現代の日本は第二立憲制です。第一立憲制が明治憲法で、今が日本国憲法に基づく第二立憲制です。ということは、日本という国は戦後新しくスタートした国だと考えることも可能なのです。

戦後の日本がどのようなシステムのもとで成長してきたかを理解するためには、野口悠紀雄さんの『1940年体制』が一番分かりやすい。加えて、なぜ戦争になったのかを含めて考えるなら半藤一利さんの『昭和史』がオススメです。

また、歴史を見る時、私たちはついつい政治体制とか王朝の変遷とか、そういうところに気を取られてしまいます。

しかし本当の歴史というのは、変革期に生きた人々がどんな気持ちでどう生きてきたのか、そういった普通の人々の心情を知ってこそ理解できるものではないでしょうか。そうでなければ、歴史全体に対する理解が表面的になってしまいます。

『1940年体制〈増補版〉さらば戦時経済』
野口悠紀雄
東洋経済新報社／2010年

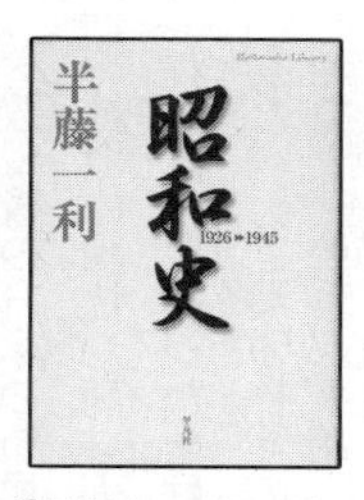

『昭和史 1926–1945』
半藤一利
平凡社ライブラリー／2009年

敗戦直後の日本人を理解するには、『敗北を抱きしめて　上・下』が一番でしょう。

日本人が書いたものでは、**少し視点は異なりますが、小熊英二さんの『〈民主〉と〈愛国〉』もいいと思います。**しかしかなり分厚いので、ジョン・ダワーの方を優先しました。小熊さんの本は分厚いので骨が折れますが、意欲のある人はぜひチャレンジしてください。

敗戦後の日本の市民は、意外にあっけらかんとしていました。一方でインテリや社会的地位が高い人は、ああ日本は負けた、神国日本は負けた、自分ももう終わりだ、といったやけにオーバーな反応を示しました。110ページで触れたような、男と女の神経の太さの違いのようなものです。

ご飯を何不自由なく食べられる人は放っておくと余計なことを考えるけれど、そうでない人はそんなことを考えている暇もない。まずちゃんとご飯を食べて子供を一人前に育てなければならない。そういう気持ちがあるから、庶民はとにかく強い。

『敗北を抱きしめて〈増補版〉　第二次大戦後の日本人』〈上・下〉
ジョン・ダワー／三浦陽一、高杉忠明（訳）
岩波書店／2004年

『〈民主〉と〈愛国〉　戦後日本のナショナリズムと公共性』
小熊英二
新曜社／2002年

この本は、著者が日本中を歩き回って取材したことを丁寧にまとめたルポルタージュです。たくさんのエピソードが収められているので、初めから全部読まなくても大丈夫。どのエピソードも面白く読めるでしよう。

様々な角度から「歴史」を知って、他人と自分の「今」を俯瞰的に眺め、さらに時間軸、空間軸から自分の立ち位置を読み取る。そうした感覚を研ぎ澄ませることは、ビジネスの世界を生きる上でも大きな武器になるに違いありません。歴史は間違いなくビジネスに効くのです。

第5章　戦争を見る眼を養う

近年、安全保障関連法案に関する議論などで、にわかに「戦争」という言葉が身近なものになりました。私たちが戦後70年あまり享受してきた「平和」は、なぜ実現できたのか。先の2つの世界大戦を振り返ることで、これからの日本の行く末を考えてみましょう。

第2次世界大戦の枠組みを知る

第2次世界大戦について基本的な理解、枠組みの知識を得るには、96ページで述べたように、アントニー・ビーヴァーの『第二次世界大戦　1939-45』の上・中・下巻がうってつけです。

これはルポ風の戦争史ですが、アジア・ヨーロッパを通した大局観にとても優れています。細部には誤解があるかもしれませんが、ここまで当時の世界について全体像を描いた人はほかにはいません。

また、日本人の手によるものでは、半藤一利さんの『昭和史　1926-1945』と『B面昭和史　1926-1945』がオススメです。『昭和史』では、通常の政治史・社会史が、続刊の『B面昭和史』では一般庶民の目から見た日本史が描かれています。あわせて読むことで、リアルで立体的な昭和史の知識を学ぶことができます。

『B面昭和史　1926-1945』
半藤一利
平凡社／2016年

最近『世界史のなかの昭和史』（平凡社）も刊行され、ここに半藤昭和史3部作が完結しました。この3部作を超えるものは当分出ないでしょう。

「あの戦争は狂気そのものだった」

ところで、平成天皇陛下は、終戦の日や原爆投下の日など、折に触れて戦争への思いをお言葉にされています。

第2次世界大戦について天皇陛下は、国内最大の地上戦で多くの市民が犠牲になった沖縄にも、深い思いを持ち続けてこられました。

『ペリリュー・沖縄戦記』
ユージン・B・スレッジ／伊藤真、曽田和子（訳）
講談社学術文庫／2008年

原爆投下や東京大空襲について取り上げられることは多いのですが、沖縄戦について、節目節目に持続的にきちんと扱う報道は少ないように思います。

果たして、沖縄戦とはいったいどのようなものだったのでしょうか。

確かな観察眼と表現力で悲惨さを書き切るとともに、読みやすく書かれている2冊の本を読んで、考えてみましょう。1冊目は、『ペリリュー・沖縄戦記』です。

この本は、戦地に置かれた人間が追い込まれた凄まじくて残酷な現実を、米軍側の視点から生々しく克明に描写した回想録です。著者は、1944年秋のペリリュー島攻略戦、45年春の沖縄上陸戦を経験した元海兵隊の一歩兵でした。

現場を経験した者にしか書き得ない、決して分からない戦争の真実が、これでもか、これでもかと描写されており、その迫力に圧倒されます。

「私は一瞬一瞬をしのいで生き延びていた。死んだほうがましだったと思うことさえあった。われわれは底知れぬ深淵に——戦争という究極の恐怖の真っ只中に、いた。ペリリューのウムルブロゴル・ポケット周辺の戦闘では、人の命がいたずらに失われるのを見て、沈鬱な気分におそわれた。そして首里を前にしたここハーフムーンでは、泥と豪雨のなか、ウジ虫と腐りゆく死体に囲まれている。兵士たちがもがき苦しみ、戦い、血を流しているこの戦場は、あまりに下劣であまりに卑しく、地獄の汚物のなかに放り込まれたとしか思えなかった」

「苛酷をきわめる状況に兵たちは押しつぶされ、私の知る最も屈強なつわものでさえ、悲鳴をあげる瀬戸際まで追い込まれていた。戦争について書く人間も、こんな胸の悪くなるような事柄はふつうは書かない。そんな身の毛もよだつ戦場に生きて、昼も夜もなく延々と戦いつづけ、しかも正気でいられるなどということは、自分の目で見ないかぎり想像もつかないだろう。だが、私はそれを沖縄でいやというほど見てきた。私にとって、あの戦争は狂気そのものだった」

とにかく、読み進めてみてください。筆者と翻訳者（伊藤真氏、曽田和子氏）の優れた筆致のおかげで、映像を超えるほどの衝撃が脳裏に刻み込まれることでしょう。

自分の名前が分からない女性、家族を皆殺しにした牧師

『沖縄戦いまだ終わらず』
佐野眞一
集英社文庫／2015年

さて、**2冊目はジャーナリスト・佐野眞一さんの渾身のルポ、『沖縄戦いまだ終わらず』です。**

今の沖縄を丹念に追った佐野さんの迫力あるルポルタージュは、沖縄のたどってきた過酷な歴史をあまり知らない人にも、それなりに知っている人にも必読の1冊だと思います。

佐野さんは当時を知る人が次々と鬼籍に入る中、体験者の言葉を克明に記録していきます。

例えば、幼い時に集団自決を辛くも生き残った体験者たちの貴重な証言とその

苦しみ。4歳で孤児となり、生まれも名前も分からず、今も字が読めない女性。その時の追い詰められた状況下で自ら愛する家族を次々と手にかけて殺し、その後キリスト教の牧師になった男性。

彼らにとって沖縄戦はいまだに人生に影を落とし続けている体験で、決して過ぎ去った思い出ではありません。

「日本人はなぜ、沖縄県民の痛みに思いをいたさないのか。それはおそらく、沖縄戦で『集団自決』させられた零歳児まで『英霊』として靖国神社に合祀（ごうし）される〝栄誉〟と、援護金という経済的恩恵の二重の欺瞞（ぎまん）によって、沖縄戦の真実が目隠しされ、沖縄の戦後史が出発点から捏造（ねつぞう）されてきたことと同じ根から生まれている。（略）沖縄戦で自分の名前の記憶まで失った少女は、七〇歳を超えてなお、それだけでも知ってから死にたいと嗚咽（おえつ）する。彼女の涙は、戦後沖縄が流し続けた涙でもある」

沖縄戦の非道さ、残酷さと、癒えることのない沖縄の人々の深い苦悩や悲しみ

『キメラ—満洲国の肖像〈増補版〉』
山室信一
中公新書／2004年

『残夢の骸　満州国演義九』
船戸与一
新潮文庫／2016年

『夏の花』
原民喜
集英社文庫／1993年

が突き刺さるように伝わってきます。事実を丹念に追いながら、戦争を二度と起こしてはならないと、読む者の魂を揺さぶられる力作です。

とりわけ、コザ孤児院出身の人々を軸にした第2章「孤児たちの沖縄戦」、第5章「『集団自決』の真実」は必読です。

沖縄戦について理解を深めたところで、**次は広島・長崎の原爆投下について学んでみましょう。ここで紹介するのは原民喜さんの名作『夏の花』です。**

『夏の花』は言うまでもなく古典中の古典です。

「ピカ」を経験した時の子供たちの様子、

放射線を浴びて次々に髪が抜け、突然鼻血が出、急速に弱って苦しみながら果てていく家族や友人たち……。

淡々とした筆致で市民の日常が綴られる中に、突如割り込んできた原爆という巨大な暴力。その毒牙が普通に生きる人々の日常をじわじわとむしばんでいくさまが、目に浮かぶように描かれています。


沖縄や原爆を深く追体験した後は、第2次世界大戦の発端となった満洲（中国東北部）で起こったことを学びましょう。

船戸与一著『残夢の骸』を読んでみませんか。とても面白い小説仕立てですが、当時の世相が本当によく分かります。**満洲事変についてもう少し総合的に理解したければ、山室信一著『キメラ』をオススメします。**

「単なる戦争憎悪は無力であり、無意味である」

第2次世界大戦を日本人の目から見ればどうなるのでしょうか。名作、吉田満（みつる）の『戦艦大和ノ最期』をぜひ読んでみましょう。ページ数は少ないのですが『ペリリュー・沖縄戦記』（126ページ）に匹敵する強烈なインパクトがあります。

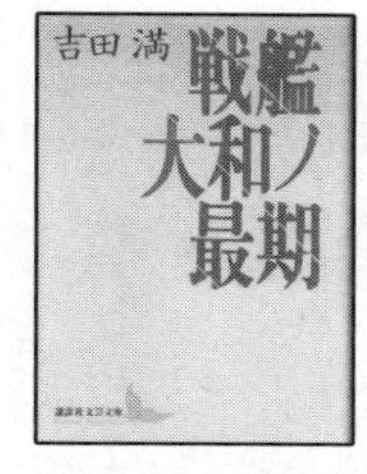

『戦艦大和ノ最期』
吉田満
講談社文芸文庫／1994年

この本は、東京帝国大学法学部を繰り上げ卒業し、海軍少尉、副電測士として大和に乗り込んだ吉田満の回想録の体裁をとっています。カナ交じりで若干読みづらいのですが、シンプルでリアルな記述を読み進めていくうちに、読者は非常に重い現実を追体験することになります。

初版あとがきに描かれた著者の思いは、僕たちに「これでもか、これでもか」と、過去に起こった出来事の重大さを突きつけてきます。

「……このような昂りをも戦争肯定と非難する人は、それでは我々はどのように振舞うべきであったのかを、教えていただきたい。我々は一人残らず、召集を忌避して、死刑に処せらるべきだったのか。或いは、極めて怠惰な、無為な兵士となり、自分の責任を放擲すべきであったのか。――戦争を否定するということは、現実に、どのような行為を意味するのかを教えていただきたい。単なる戦争憎悪は無力であり、むしろ当然過ぎて無意味である。誰が、この作品に描かれたような世界を、愛好し得よう」

学者の間では、第2次世界大戦の一番の発端は、対華二十一カ条の要求だったといわれています。そこで、『対華二十一カ条要求とは何だったのか』で深掘りしてみてはどうでしょう。

対華二十一カ条要求に対する先行研究は大変多いそうですが、この本では、①

いまだ明らかにされていない要求を出した際の加藤高明外相の意図を解釈する、②日英関係に焦点を置き、日英双方の文書を検討して英国が交渉に与えた影響を読み解く、そして、③月刊誌の『新日本』、経済誌の『東京経済雑誌』『実業之日本』、さらに茶人・高橋義雄の日記に残された高度な政治情報を手がかりにし、日本の外交世論がなぜ沸騰したのかなどに関する動向分析に焦点を当てています。

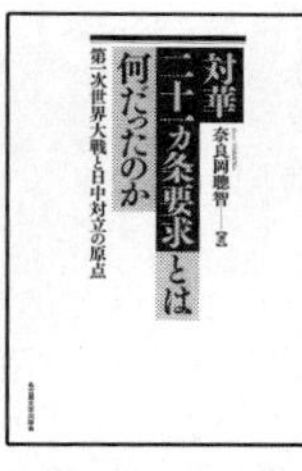

『対華二十一ヵ条要求とは何だったのか　第一次世界大戦と日中対立の原点』
奈良岡聰智
名古屋大学出版会／2015年

『海軍の日中戦争　アジア太平洋戦争への自滅のシナリオ』
笠原十九司
平凡社／2015年

中国関連ではもう1冊オススメがあります。第2次世界大戦の諸悪の根源は陸軍であって、海軍はそうでもなかったという議論をする人がいます。果たしてそうだったのでしょうか。

『海軍の日中戦争』を読んで、考えてみましょう。副題は「アジア太平洋戦争への自滅のシナリオ」。海軍も、日中戦争を対米英戦争の実戦演習と捉え、南進と大規模な空爆により戦争をさらに泥沼化させた張本人でした。

そもそも、狂気そのものの戦争を率いた組織（陸海軍）の中で、どちらかが一方的に悪いなどということはあるはずがないのでしょう。

『大石芳野写真集 戦争は終わっても終わらない』
大石芳野著・写真
藤原書店／2015年

『HHhH（エイチ・エイチ・エイチ・エイチ）──プラハ、1942年』
ローラン・ビネ／高橋啓（訳）
東京創元社／2013年

ハイドリヒという怪物

第2次世界大戦といいながら、日本の視点ばかりではないかという読者もいらっしゃるかもしれません。そこで、歴史小説『HHhH』を読んでみましょう。

HHhHは、ドイツ語の「ヒムラーの頭脳はハイドリヒと呼ばれる」の略です。ラインハルト・ハイドリヒはハインリヒ・ヒムラーの右腕で、ドイツの歴史上悪名高き国家保安本部の事実上の長官であり、「ユダヤ人問題」の「最終解決」の発案者にして実行責任者として知られています。
この歴史小説は、そのハイドリヒの暗殺計画を題材にした作品で、ミステリーのような軽妙な筆致でありながら、歴史に残る大虐殺を世界にもたらした「怪物」や、ナチの姿が描かれています。

「ハイドリヒは、シャーロック・ホームズと同じように、ヴァイオリンを弾く（ただし、ホームズよりうまい）。そして、シャーロック・ホームズと同じように、犯罪捜査に携わる。ただし、この探偵とは違って、真実を追い求めない。捏造する、それはまるで別のことだ」

「ヒトラーは、ハイドリヒが目的のためなら何でもやってのける出世欲の強い男であることを知っていたし、そのことを不愉快に思うはずもなかった。そもそも本人が、それ以外の何者でもないのだから」

重い本ばかりだと思う方のために、写真集をご紹介します。『大石芳野写真集

戦争は終わっても終わらない』を見てみましょう。

さりげない平凡な日常生活の写真に、著者の大石芳野さんの取材した内容がキャプションとして書かれています。

一見普通の写真、それも素朴な写真ばかりなのですが、手に取って見たら皆さんもきっと「これはすごい」と感じること請け合いです。フォトジャーナリズムの神髄を見るような気がします。

「世界はつながっているから戦争は割に合わない」のか？

『八月の砲声』〈上・下〉
バーバラ・W・タックマン／山室まりや（訳）
ちくま学芸文庫／2004年

続けて、第1次世界大戦について学べる良書を紹介したいと思います。

第1次世界大戦については、第2次世界大戦に比べて学校でそれほど深く学んでいない人が多いと思いますが、1914年、ボスニア・ヘルツェゴビナの首都サラエボで、オーストリアの皇位継承者夫妻がセルビア人青年に暗殺され、オーストリアがセルビアに宣戦布告したのがきっかけで……と教わったことを覚えている人も多いでしょう。

しかし、少し冷静に考えてみると、その出来事がなぜ、1914年の時点で既に約600万人の兵士を動員するほどの大規模な戦争へと発展したのか、いま一つ腹に落ちないことはありませんか。

この背景を掘り下げることは、今の不安定な国際情勢の本質を知る大きな手がかりになると思います。

オススメは、先に挙げた『夢遊病者たち』（96ページ）と『八月の砲声』です。『夢遊病者たち』についてはすでに解説したので、**『八月の砲声』を紹介しましょう。**

この本は、ジャーナリストであるバーバラ・W・タックマンによる渾身のルポです。当時の国際間の人間関係や意思決定をする立場にいた人々の深層心理、思惑などを、資料や文献に大量に当たって実に丁寧に掘り下げて描かれており、諸国がどのようにして戦争に突入していったのかがよく分かります。

大変優れたノンフィクションですので、ぱらぱらとめくってみるだけでも、その面白さがすぐに分かると思います。『夢遊病者たち』と読み比べてみると物事の濃淡がさらに立体的に見えてくると思います。

しかもここから学べる事実や教訓は、現在に置き換えると怖い部分も相当あります。例えば、第1次世界大戦までの欧州の世情は、平穏なものでした。1910年、英国のジャーナリストであったノーマン・エンジェルは『大いなる幻想』を出版し、後の33年にノーベル平和賞まで授賞しています。

そして、タックマンは本書で、『大いなる幻想』について次のように紹介しています。

「エンジェルは、戦争はいまや実行不可能になったことを説き明かした。豊富に例を引用し、反論の余地のない論陣を張って、現在のように財政、経済の面で各国が相互に依存しあっている実情では、戦争に勝った国も敗れた国と同じように苦しい目にあう。したがって戦争は今では割の合わないものになった。どんな国も戦争を起こすようなバカなまねはしたくないはずだというのがその論旨。この本は一一か国語に翻訳され、『大いなる幻想』ブームが起こった」

『チボー家の人々』
〈全13巻〉
ロジェ・マルタン・デュ・ガール／山内義雄（訳）
白水Uブックス／1984年

『武器よさらば』
アーネスト・ヘミングウェイ／高見浩（訳）
新潮文庫／2006年

『西部戦線異状なし』
レマルク／秦豊吉（訳）
新潮文庫／1955年

もちろん当時は、一方で軍事関係者による「戦争は不可欠」と論陣を張る書物も出ていて、これも『大いなる幻想』と同じ程度の多大な影響力があったわけですが、世論の空気と政治がいかに異なったロジックで動いていたかが、よく伝わってくるエピソードです。

さて、渾身のルポルタージュを読み込んで第1次世界大戦にはっきりしたイメージを持てるようになったら、文学作品に親しんでみましょう。

第1次世界大戦といえば、有名で面白い文学作品がたくさんあります。例えば、『西部戦線異状なし』『武器よさらば』など

は定番ですね。

また、僕が**高校時代に、何度もボロボロになるまで愛読したのは『チボー家の人々』でした。これも第1次世界大戦をテーマにした小説です。**こうした名作を手に取ってみるのもいいかもしれません。

現代でも、**「すべての近代の問題は第1次世界大戦に端を発している」と言う人がいます。**

例えば、この大戦によりドイツ帝国、ロシア帝国、オスマン朝、オーストリア＝ハンガリー帝国という、4つの帝国が消えました。また、パレスチナ問題の種がまかれたのも第1次世界大戦中のことでした。

『ロレンスがいたアラビア』という名著を読むとその辺りの事情がとてもよく分かります。

『ロレンスがいたアラビア』〈上・下〉
スコット・アンダーソン／山村宜子（訳）
白水社／2016年

『第一次世界大戦と日本』
井上寿一
講談社現代新書／2014年

『複合戦争と総力戦の断層　日本にとっての第一次世界大戦』
山室信一
人文書院／2011年

クラウゼヴィッツに代わる「総力戦」の概念

ロシア革命が勃発したのも、第1次世界大戦が影響しています。戦争自体は欧州中心の戦いだったので、第2次世界大戦に比べて日本には関連が薄いように思えます。しかし、決してそうではありませんでした。

例えば、総力戦という概念が初めて生まれたのは、第1次世界大戦でした。戦争論の古典、クラウゼヴィッツの『戦争論』(56ページ)に代わるものとして現れた概念です。クラウゼヴィッツの時代のような政府と軍隊だけの戦いではなく、人類が経済や科学技術など国力のすべてを総動員して戦った初めての世界戦争なのです。

この戦争から、毒ガス、戦車、飛行機など近代兵器が導入されました。しかも、国際間の同盟関係が互いに複雑に入り組んでおり、複合的な戦争でした。日本はアジアにおけるドイツの利権を狙って日英同盟を根拠にドイツに宣戦布告しましたが、それだけでは終わりませんでした。

第1次世界大戦に関連して、日本と中国との外交交渉では、山東半島の権益などをめぐる対華二十一カ条の要求（1915年）がなされ、それに連なって五四(ごし)運動（1919年）が起こりました。

また、大失敗に終わったシベリア出兵（1918年）があり、コメ騒動（1918年）もありました。

そうした史実を踏まえると、**第1次世界大戦は、日本の国土における実害こそなかったものの、わが国にも極めて大きな影響を与えたと思います。**

それを勉強する上では、『複合戦争と総力戦の断層』と『第一次世界大戦と日本』が、とてもコンパクトにまとまっていて、最適だと思います。『複合戦争と総力戦の断層』では、青島、太平洋、地中海、シベリア、樺太での戦いと、その裏に隠された外交戦の実像が目前に蘇ってきます。まさに歴史の空白が面白いように解き明かされるのです。

第1次世界大戦を数字でも追ってみる

新書版の『第一次世界大戦と日本』（145ページ）は、第1次世界大戦がいかに日本に影響を与えたかについて日本社会の実相に迫り、トータルに第1次世界大戦とわが国のかかわりを捉えようとした意欲作です。

『現代の起点　第一次世界大戦』〈全4巻〉
山室信一ほか（編集）
岩波書店／2014年

これらの本で第1次世界大戦に興味を持ったら、ぜひもう少し歴史を深掘りしてみましょう。ぴったりの本が、岩波書店から出ています。**『現代の起点　第一次世界大戦』シリーズです。**

全4巻をすべて読み終えましたが、とても面白い。論文集なので、興味のあるところだけ読んでもらってもいいと思います。

第1巻は「世界戦争」、第2巻は「総力戦」、第3巻は「精神の変容」、第4巻は「遺産」、と名づけられています。

とりわけ第2巻は、第1次世界大戦を数字で追えるのでオススメです。米国を除くと、開戦直前には、中央同盟国側（ドイツなど）と連合国側（英仏など）の総力がほぼ拮抗（きっこう）していたことが読み取れます。

かつての敵国同士が戦争を共同検証する意義

『仏独共同通史　第一次世界大戦』〈上・下〉
ジャン＝ジャック・ベッケール、ゲルト・クルマイヒ／剣持久木、西山暁義（訳）
岩波書店／2012年

ところで、改めて欧州の歴史を考えてみると、第1次世界大戦をはさんで、ドイツとフランスは、3回死闘を繰り広げていることが分かります。すなわち普仏戦争（1870〜71年）、第1次世界大戦、そして第2次世界大戦という3度の大戦争です。

普仏戦争はビスマルクとナポレオン3世の互いの思惑が発端です。第2次世界大戦はヒトラーという狂信者の登場によるものでした。しかし、第1次世界大戦は一番、戦争に至った経緯がよく分からない戦いです。なぜ、サラエボの銃声でフランスとドイツが死にもの狂いで戦わなければならなかったのか。

しかも、フランスとドイツが正面衝突した西部戦線では、第2次世界大戦よりも第1次世界大戦の方が戦死者が多いのです。そういう面では、一番、両国自身が後から検証・整理しにくい戦争でもあるのではないでしょうか。

しかし、こうした状況の中で仏独は共同で次のような素晴らしい本を出しているのです。**『仏独共同通史　第一次世界大戦』です。**

この本は、日本語版に向けた序文の中で、「なぜ日本が第1次大戦に参戦したのか」についても丁寧に書いています。日本の読者に向けたメッセージの一部を引用してみましょう。


「本書で我々がとくに明らかにしたかったのは、この対決が経済的原因や物質的な利害によって引き起こされたのではないということである。戦争は、祖国の防衛のために、国民が生き残るためにもっとも大切だと信じられたもののために引き起こされたのである」

「大戦から長い年月を経て、ようやく、フランスの歴史家とドイツの歴史家が第一次世界大戦について共同で執筆したはじめての書籍が刊行されることになった。我々二人の両親や祖父母たちは敵対する陣営で大戦を経験し、その経験はライン川の両岸ではまったく異なった形で受け止められてきたのである。それゆえ、この異なる大戦の記憶を突き合わせて考察することは、私たちにとってより一層、挑戦しがいのある課題となった」

このような欧州の事実から、例えば日本と中国の関係を考えてみると、鄧小平の言葉ではないのですが、「知恵がないので今はほっておいた方がいい」のかもしれません。しかし、近い将来、双方に知恵が出てきたら、「日中共同通史第2次世界大戦」とでも呼べるような本が出せるような土壌ができてくるかもしれません。

そうなれば、北東アジアをめぐる国際情勢ももう少し良くなる可能性があるのではないでしょうか。

第6章　神話と宗教について考える

人類は、「神」を身近に、畏れながら歴史を紡いできました。神話や宗教は、過去の人間の考え方や想像力を知るための、たくさんの手がかりを与えてくれます。「神」とはいったい何なのか。そんなことを考えながら、神話や宗教をめぐる読書の旅をしてみましょう。

日本の古の神様の話

日本の古（いにしえ）の神様の話といえば、『古事記』、『日本書紀』を外すことはできませんね。

名前を知ってはいてもなかなか読まない古典ですが、一度ぐらいはじっくり取

『山海経　中国古代の神話世界』
高馬三良（訳）
平凡社／1994年

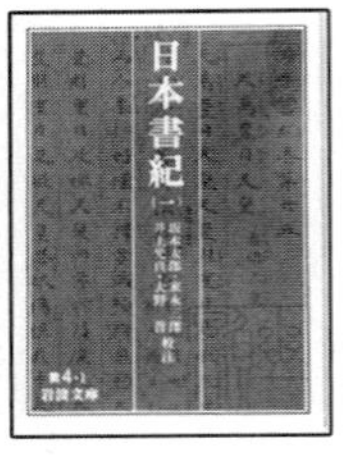

『日本書紀』〈全5巻〉
坂本太郎、井上光貞ほか
岩波文庫／1994〜95年

『古事記』
倉野憲司（校注）
岩波文庫／1963年

り組んでみてはいかがでしょうか。この2冊については解説は不要ですね。『日本書紀』などが書かれた背景については、拙著『0（ゼロ）から学ぶ「日本史」講義（古代篇）』をご覧ください。

そして3冊目は、中国の壮大な古典、『山海経（せんがいきょう）』を紹介します。

薄くて読みやすい本ですが、ぱらぱらとめくってまず目に入るのは、なんだか奇妙な動物の挿絵です。奇怪な姿の動物やその生態が、各地の不思議な景色の描写の中で淡々と紹介され、実に想像力をかき立てられます。

ゲームや漫画に出てくる妖怪の種本は、

この『山海経』なのではないかと思います。挿絵を見ながら、本文の解説を拾っていくのも、きっと面白いと思います。

『イリアス』〈上・下〉
ホメロス／松平千秋（訳）
岩波文庫／1992年

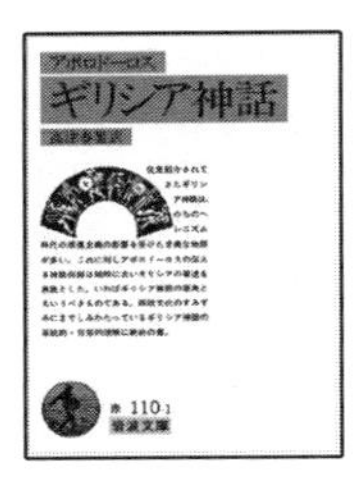

『ギリシア神話』
アポロドーロス／高津春繁（訳）
岩波文庫／1978年

「神話誕生」を夢想する

さて、日本の神様の話や中国の古の妖怪変化（へんげ）を味わったら、今度は西洋にいきましょう。またしても王道ですが、アポロドーロスの『ギリシア神話』です。

ギリシアの物語といえば、ホメロスの『イリアス』、『オデュッセイア』の方が有名ですが、本家本元の『ギリシア神話』にぜひトライしてみてください。最初はやたらにカタカナの人名が多く出てきて疲れるかもしれませんが、やがて慣れてくれれば、短い行数の中に、感傷が取り除かれた面白いエッセンスがたっぷり詰まっており、これが『イリアス』や『オデュッセイア』のルーツになっていることに気づくはずです。

『山海経』にしろ『ギリシア神話』にしろ、原型に近い元の話は極めて淡々と描かれていてそっけなく感じます。こうした本を読んでいると、「神はなぜ生まれたのか」という素朴な疑問の答えがなんとなく分かってくるような気がします。

そもそも、子供から「海はどうして青いの？」とか、「山はどうしてできたの？」など、無理筋の質問をされて困った親たちがつくり上げて共有していったものが、いつしか神話になったのではないか——などと夢想したくなります。

もちろん、ホメロスの2冊も重要です。ギリシア神話をモチーフにした2冊の名作『イリアス』『オデュッセイア』を知ることは、西洋の芸術を理解することにもつながります。西洋の美術館を訪れると、この2つをモチーフにした名画がたくさん展示されていたりするので、必読といえます。

少し美術の話に触れたので、美術に関係する本をもう1冊読んでみましょう。

『ニーベルンゲンの歌』〈前編・後編〉
相良守峯（訳）
岩波文庫／1975年

『黄金伝説』〈全4巻〉
ヤコブス・デ・ウォラギネ／前田敬作、今村孝（訳）
平凡社／2006年

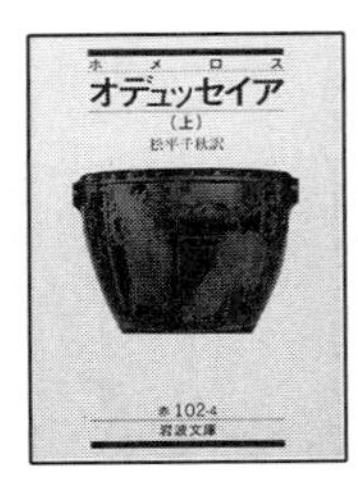

『オデュッセイア』〈上・下〉
ホメロス／松平千秋（訳）
岩波文庫／1994年

ヤコブス・デ・ウォラギネの『黄金伝説』です。

絵画好きな人には特にオススメです。この本は、13世紀に完成したキリスト教の聖者の伝説集です。中世の絵画のほとんどはこの書物の影響を受けているといわれています。この本を読むだけでも、西洋の美術館巡りが数倍楽しくなることでしょう。

さて、**西洋には、もう1つの超有名な神話・伝説があります。**名前は聞いたことのある人も多いでしょう。**ドイツの英雄叙事詩『ニーベルンゲンの歌』です。**伝説といえば、これに尽きるという人もいるほどです。

この叙事詩は、英雄ジークフリートの死と、妻クリームヒルトの復讐を描いた壮大な悲劇です。リヒャルト・ワーグナーはこの物語をモチーフにして楽劇『ニーベルングの指環』を書いています。

ワーグナーが好きな人も嫌いな人もいるでしょうが、西洋文明の基礎を形づくる『ギリシア神話』、『黄金伝説』、そして『ニーベルンゲンの歌』の3冊を読んでおけば、西洋の姿が全く違った視点と奥行きで見えてくること、間違いなしです。

『原典訳　マハーバーラタ』〈全8巻〉
上村勝彦（訳）
ちくま学芸文庫／2002～05年

『新訳　ラーマーヤナ』〈全7巻〉
ヴァールミーキ／中村了昭（訳）
東洋文庫／2012～13年

一生かけて読みたい『マハーバーラタ』

さて、日本、中国、西洋とたどってきたので、次はインドです。**インドの神話といえば、『ラーマーヤナ』『マハーバーラタ』です。**

この2冊はインド神話の双璧といえますが、僕の**オススメは『マハーバーラタ』です。先に紹介した『イリアス』『オデュッセイア』（156ページ）と並ぶ世界三大叙事詩の1つとされています。**

マハーバーラタは「バラタ族の物語」という意味ですが、「マハーバーラタに書かれていないことは、人生には何もない」とまで言われています。

バラタ族の5兄弟による戦争の物語ですが、そのダイナミックな展開は様々な教訓に満ちています。ピーター・ブルックという英国の天才的な演出家が1989年に製作した、『マハーバーラタ』の舞台を映像にした映画『マハーバーラタ』は、一世を風靡(ふうび)しました。東京大学の上村勝彦教授が、原典を訳した文庫本があります。

残念ながら、8巻目の途中で上村教授は亡くなられてしまったのですが、素晴らしい翻訳ですのでオススメします。いきなり全部読む必要はなく、一生をかけてちょっとずつ読むような本だと思います。

古今東西の人々が描き続けてきた神々の姿を通じて、人間社会の面白さをぜひ楽しんでいただければと思います。

教祖はいつも思想の変革者

続けて、宗教です。宗教も皆さんにとって一見、身近で普遍的に思えるテーマであるため、極めて研究蓄積の深い分野であるにもかかわらず、一般論が繰り返し世論を席巻しがちであるという宿命を負っていると思います。

中東を混乱に陥れたＩＳ（Islamic State）は、俗にイスラム国とも呼ばれていますが、その行動様式や価値観など、いまだによく分からない部分が多い組織です。こう

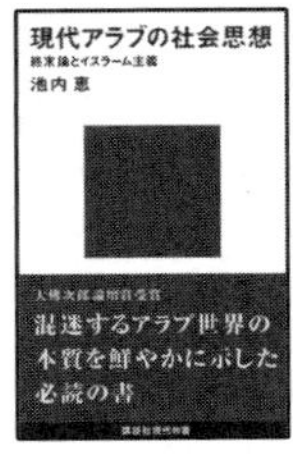

『現代アラブの社会思想　終末論とイスラーム主義』
池内恵
講談社現代新書／2002年

『イスラームとは何か　その宗教・社会・文化』
小杉泰
講談社現代新書／1994年

『ムハンマド　世界を変えた預言者の生涯』
カレン・アームストロング／徳永里砂（訳）
国書刊行会／2016年

した理解が難しい集団について考える時には、そもそもイスラム世界についての基本的な理解がなければ大変だと思います。

そこで、まず**イスラムとは何か、を勉強しましょう。オススメは、小杉泰さんの『イスラームとは何か』と、メディアでもおなじみの池内恵さんの『現代アラブの社会思想』です。**

イスラムは、7世紀に生まれました。小杉本によれば、「イスラーム」という言葉のもともとの意味は「帰依する」ことだそうです。信徒は「ムスリム」と呼ばれます。クルアーン（コーラン）とは「読まれるもの」という意味です。

唐と天竺の向こうに、長安をはるかにしのぐ都バグダードが繁栄していました。当時の多神教を信じていたムハンマドが、ヒラーの洞窟で大天使ガブリエルに会い、啓示を受けたのがイスラムの始まりです。池内さんの本は、そのイスラムが、現代いかに混迷しているかを鋭く指摘しています。

なお、宗祖の伝記としては、**カレン・アームストロングによる『ムハンマド』**

という傑作があります。著者は元キリスト教の修道女で、**ムハンマドの人生とイスラム教のすべてが1冊で学べる良書です。**

『プロテスタンティズムの倫理と資本主義の精神』
マックス・ウェーバー／大塚久雄（訳）
岩波文庫／1989年

『宗教からよむ「アメリカ」』
森孝一
講談社選書メチエ／1996年

プロテスタントは、禁欲的ゆえに儲かった

さて、前出の3冊でイスラムについての知識を仕入れました。近年は宗教問題ではイスラムばかりが注目を浴び、様々な形で引用されることが多いようですが、僕は、**実は宗教で一番気がかりなのはアメリカだと思っています。**

皆さんもご存じのように、ダーウィンの進化論を学校で教えるなと訴える人たちが大勢いて、その意見が一部では通ってしまうアメリカにとって、宗教っていったい何なのだろう？　と考えざるを得ません。そこで**森孝一著『宗教からよむ「アメリカ」』をオススメします。**

アメリカはそもそも、清教徒たちがつくった国です。清教徒はさかのぼればカルヴァン派からきているわけです。**そこで、アメリカ建国の根源であるカルヴァンの思想を読み解いたマックス・ウェーバーの『プロテスタンティズムの倫理と資本主義の精神』を読んでみましょう。**

有名すぎるこの古典は、マックス・ウェーバーが生涯を懸けて書いた比較宗教学、社会学研究の金字塔です。アメリカ人の富豪がなぜ、寄付が好きなのか。それはキリスト教が根底にあるからだと俗にいわれているのですが、その一般的な見方は、ウェーバーの理解とは若干意味が異なるかもしれません。

訳者解説の中で、興味深い部分がありましたので引用しましょう。

禁欲的なプロテスタンティズムが持っていた反営利的な理念に基づいて職を全うすることが、結果的に「儲かる」ことにつながり、プロテスタンティズムを基盤において資本主義や合理的な経営という行動が促進されることになった経緯がよく分かります。

「『世俗内的禁欲』のエートスの持ち主たちは、さきにも説明したように、小商品生産者たちのなかにいちばん多かった。（中略）立派な信仰をもっていた。こういう職人たちが、とりわけ郊外から農村地域(カンツリー)に広がっていた」

「こういう人々は、金儲けをしようなどと思っていたわけではなく、神の栄光と隣人への愛のために、つまり、神からあたえられた天職として自分の世俗的な職業活動に専心した。しかも、富の獲得が目的ではないから、無駄な消費はしない。それで結局金が残っていった」

「ピュウリタンたちはそれを自分の手元で消費せず、隣人愛にかなうようなことがらのために使おうとした。たとえば彼らは公のために役立てようと寄付した。（中略）アメリカの金持ちたちが財団をつくったりするのは、そういうことの名残りだと言われています」

三大一神教のルーツは全部アブラハムにいきつく

ここまで読んでくると、何を言っているのだ、そもそも神なんかいないじゃないか、と言い出したくなる人もおられることでしょう。ここで定番としては、「神は死んだ」と言った哲学者・ニーチェの言葉を思い出すべきかもしれません。

『神は妄想である 宗教との決別』リチャード・ドーキンス／垂水雄二（訳）
早川書房／2007年

しかし、ここではあえてニーチェは取り上げません。それより、著名な**進化生物学者、リチャード・ドーキンスの傑作を紹介しましょう。『神は妄想である』です。**

なぜドーキンスは、「神は妄想だ」と言い切るのでしょうか。ちょっと長いのですが、興味深いので第2章から何カ所か、引用します。

「進化によって生じた創造的知性は、当然のことながら、すでにできあがっている宇宙に後から生まれてくるのだから、その設計(デザイン)に責任をもつことは不可能である。このように定義された意味における神は妄想である。そして、のちの章で示すように、それは有害な妄想なのだ」

「多神教から一神教への変化を、自明な進歩的改善として扱わなければならないという明確な理由はない。しかし、広くそう認められている」

「私の読者の大多数は、現代の一神教的三『大』（略）宗教のどれか一つによって育てられてきたのだろうが、どれもさかのぼれば（編集部注：旧約聖書に登場する一神教の祖）神話的な家父長アブラハムにいきつく」

「三つのアブラハム宗教のうちでもっとも古く、他の二つの祖先と言ってまちがいないのがユダヤ教である。もともとは、猛烈に不愉快な一つの神をもつ一部族のカルトにすぎなかった。この神は、性的規制、焼けこげた肉のにおい、他の神々に対する自らの優越、そして、選ばれた砂漠の民の排他的権利というものに病的にとりつかれていた」

「ユダヤ教のそれほど無慈悲ではない一神教的宗派としてキリスト教が興されたが、これは排他性も薄く、ユダヤ人の外の世界に目を向けたものだった」

「数世紀後に、ムハンマドとその弟子たちは、もとのユダヤ教の断固とした一神教に回帰したが、その排他性は引き継がず、新しい聖典『コーラン』にもとづくイスラム教を興し、信仰をひろめるために軍事的に征服するという強力なイデオロギーを付け加えた。キリスト教も同じく、剣の力でひろめられた」

「仏教や儒教のような他の宗教についてはいっさい気にしないつもりである。実際には、そうしたものは宗教ではまったくなく、むしろ倫理体系ないし人生哲学として扱うべきだという見方にも一理はある」

この本で、無神論者の立場を現代において代表するドーキンスが、宗教をどのように考えているのか、ぜひ知ってほしいと思います。

なお、この本に限らずドーキンスの本はどれも痛快で面白いので、これを機会に手に取ってみてください。

やおよろずの神が日本に居続けるワケ

以上はイスラム教やキリスト教の世界の話です。

ところで、わが国は基本的には仏教ですし、そもそもやおよろずの神を信じているので、西洋や中東社会の一神教とは全然成り立ちが違うなあ、という疑問が出てくるでしょう。そこで、**さらに考えを深めるために本村凌二著『多神教と一神教』を読むことをオススメします。**

『多神教と一神教—古代地中海世界の宗教ドラマ—』
本村凌二
岩波新書／2005年

人が、神をあがめる行動がどのようにして生まれ、多神教から一神教へと発展していったのかについて、楔形（くさびがた）文字をつくった紀元前3500年頃のシュメー

ル人の文明にまでさかのぼり、多神教と一神教の違いを鮮やかに解説している良書です。

神というコンセプトは、メソポタミアのシュメールで生まれました。シュメール人の文明では、神がたくさん存在していました。しかし地中海周辺の世界は、この多神教の世界から三大宗教のセム的一神教（セム語世界を起源とする一神教で、ユダヤ教、キリスト教、イスラム教を指す）の世界へと次々と変化していくのです。その変化の謎を追った本です。

この本では、多神教社会にあって一神教という崇拝の形が生まれる要因の一つとして、アルファベットの普及という「認識能力の革命」があった、と指摘しています。複雑化した文明が、文字により単純化され、普及していったからです。

それによって人が失ったことがあると賢人ソクラテスは指摘します。彼は、読み書き能力が社会や文化に危機を及ぼすと言っています。

「なぜなら、人々がこの文字というものを学ぶと、記憶力の訓練がなおざりにされるため、その人たちの魂の中には、忘れっぽい性質が植えつけられることだろうから。それはほかでもない、彼らは、書いたものを信頼して、ものを思い出すのに、自分以外のものに彫りつけられたしるしによって外から思い出すようになり、自分で自分の力によって内から思い出すことをしないようになるからである」（本書が引用しているプラトン『パイドロス』の一節）

また一方で、一神教は虐げられ抑圧された被差別民の宗教になりやすいという歴史をかかえてきました。

心理学者の岸田秀氏によれば、「人間は本能が壊れており、自我も言語も本能の崩壊にともなって成立した。差別され抑圧された人々は、失われたものを埋め合わせようとする意識がことさら強くなる。だからこそ全知全能なる神という観念に共鳴する」というのです。

「一神教が排他的な形をなせばなすほど、その担い手となる人々は虐げられた民族や階層であった。少なくとも危機にあり抑圧されていると感じる人々がいたことは疑いないように思われる」

そうすると、原則として「単一民族・単一言語」を標榜してきた日本では、一神教が強力に発展するほどの危機や抑圧がなかったのかもしれない、と考えることもできるかもしれません。なお、単一民族というのは全くの神話で、生物学的な根拠から見れば、わが国は多民族国家ですが。

ここまで読んでくると、そもそも最初にあいまいながら「神」というコンセプトを編み出し、それを後世に残したシュメール人の文化は、実は非常に研ぎ澄まされた、高度なものだったかもしれない……と、少し気になってきます。**この世界最古のシュメール文明をもう少し深掘りしたくなったら、『シュメル神話の世界』をひもといてみましょう。**

シュメール人は、神様が粘土をこねて人間をつくったと考えていました。しかし神様もそのうち疲れてきて、憂さ晴らしにお酒を飲んだりして、普通とは違った状態の人をつくったりします。

神様が間違ったせいでほかの人と違った体になったのだから、普通ではない人自身にはなんら罪はありません。だからこそ全員で面倒をみなければいけない……というような価値観がシュメール人にはありました。

つまり、神を媒介にすることで、人類最古の原始文明でありながら、既に非常に民主的な考え方を持っていたのです。

『ギルガメシュ叙事詩』
月本昭男（訳）
岩波書店／1996年

『シュメル神話の世界　粘土板に刻まれた最古のロマン』
岡田明子、小林登志子
中公新書／2008年

この本でも紹介されていますが、**シュメール文明が残した『ギルガメシュ叙事詩』（日本では、月本昭男氏の名訳があります）は、日本の『源氏物語』よりもずっと長い間、読者から愛され続けている世界的な文学です。**ギルガメシュは3分の2は神、3分の1は人間という生まれの英雄です。

この叙事詩は英雄譚(たん)であるにとどまらず、人生の奥深さを思い知らされるような普遍性があり、『シュメル神話の世界』では『ギルガメシュ叙事詩』のことを、「『死すべきもの』としての、人間の存在への根本的な問いかけを含んだ作品」だと評価しています。ちなみにもともとの書名は『あらゆることを見た人』だったそうで、ギルガメシュは冥界の神とされていました。

分からないことを「神」と呼んだって構わない

この章では神話や宗教の歴史についておさらいしてきました。

それではわが身に戻って、一神教優位とはいえない混沌とした現代の「日本の宗教」を、現実問題としてはどう考えたらいいのでしょう。

『日本的霊性』
鈴木大拙
岩波文庫／1972年

日本の宗教は仏教ということになっていますが、本格的に信仰している人はさほど多くありません。

そこで最後に、鈴木大拙（だいせつ）著『日本的霊性』をオススメしましょう。

この本は、現代仏教学の頂点ともいえる著作です。現代の日本的な心情のルーツは、やはり禅です。日本を象徴する表現といえる「わびさびの精神」も禅からきています。

日本人の真の宗教意識、日本的霊性は、鎌倉時代に中国から入ってきた禅と浄土系の思想によって顕著なものになり、自覚されるようになり現在に至っている、と本書は述べています。

日本の宗教の考え方について基本を押さえるには、この本を読むのが一番いいと思います。これ以上のものを書いている人はいないと言っても過言ではありません。

COLUMN

出口流、本の読み方

学生時代に、恩師から次のように教わりました。「古典を読んで分からなければ、自分がアホやと思いなさい。現代に生きている人が書いた本を読んで分からなければ、著者がアホやと思いなさい。読むだけ時間の無駄です」と。

なぜ、古典が難しいか。それは著作の動機、著者の意図が生じたそもそもの時代背景や社会状況が大きく異なるということに加えて、言葉の意味自体も異なるからです。例えば、サクラと聞けば、私たちは淡紅色のソメイヨシノを連想します。しかし、ソメイヨシノは江戸時代の末期に生み出されたごく新しい品種です。『万葉集』や『古今和歌集』に歌われたサクラは、恐らくヤマザクラです。

これに比べれば、時代背景や社会状況、言葉の意味を同じくする同時代人の書いたものは原則として分かって当然。分からないものは、著者自身が題材をよく消化していないからということになります。そんなものを読むのは、時間の無駄以外の何物でもない。まことに恩師の炯眼の通りです。

僕はどんな本でも最初の10ページぐらいをきちんと読んで、そこで面白くなければその本は捨てます。面白ければ一字一句、腹落ちするまで精読します。オールオアナッシングです。読むか読まないかの基準は、「面白いかどうか」がすべて。途中で分からなくなれば数ページ戻って読み直します。

このように1冊を完全に消化してしまうので、大方の本はまず再読することはありません。再読は、ごく限られた偏愛している本(例えば、『ハドリアヌス帝の回想』=白水社)か、読んでから長い時間を経たというケースがほとんどです。

僕は、昔から書物に対するフェティシズムがあるので、手を洗ってから本を読みます。本を読むという行為は著者と真剣に対話をすることだと思っているので、ほとんどの場合は椅子に座り机に向かって本を読んでいます。そういえばマキアヴェッリは衣冠束帯して『君主論』を執筆したとか。その気持ちはとてもよく分かります。僕は人の話を聴く場合でも原則としてメモは取らず、集中力を高めて頭の中に取り込むタイプなので、本に線を引いたり書き込みをしたりすることは全くありません。

大嫌いな言葉は「速読」です。本に書いてある内容をすぐに知りたければ、パソコンで検索すればいいのです。その方がはるかに早い。第一、人と話をしていて、速読されて喜ぶ人がいるでしょうか。速読は、世界遺産の前で記念写真を撮っては15分で次に向かう弾丸ツアーのようなものです。行ったことがあるという記憶は写真を見れば蘇るでしょうが、そこで何を観たかは少しも頭に残ってはいないでしょう。資格を取るための受験勉強などを除いて、速読ほど有害無益なものはない、と考えています。

人の話も本も、集中力を高め相手と対峙して初めて身につくものです。本をしっかりと読み込むためには、まず体力が必要です。疲れている時に本は読めません。

なお、人間が社会で生きていくために最も必要とされる自分の頭で考える能力、すなわち思考力を高めるためには、優れた古典を丁寧に読み込んで、著者の思考のプロセスを追体験することが一番の早道だと思っています。以上が、僕の本の読み方です。

『ハドリアヌス帝の回想』
マルグリット・ユルスナール　多田智満子（訳）
白水社／2008年

第3部

日本と世界の現在を知る

第3部では、これから世界がどのような方向に向かっていくのかを考えてみましょう。そこで、日本と世界を知り、未来を理解するために役立つ本を紹介します。

第7章

国家と政治の基本を理解する

『フランス革命の省察』エドマンド・バーク／半澤孝麿（訳）
みすず書房／1997年

第8章

グローバリゼーションの本質を見抜く

『定本　想像の共同体　ナショナリズムの起源と流行』ベネディクト・アンダーソン／白石隆、白石さや（訳）
書籍工房早山／2007年

『近代世界システム』〈I～IV〉
イマニュエル・ウォーラーステイン／川北稔（訳）
名古屋大学出版会／2013年

第9章

人口問題から日本の近未来を考える

『人口の世界史』マッシモ・リヴィ-バッチ／速水融、斎藤修（訳）
東洋経済新報社／2014年

人間は、本質的に愚かな存在と考えたバーク

第3部では、現代世界を深く理解するために役立つ本を、3つの章に分けて紹介していきます。

いったい私たちは、どのような世界に生きているのか。これから世界はどのような方向に向かっていくのか。未来を理解するためには、現在を多角的に理解することが不可欠です。

第7章は「国家と政治の基本を理解する」と題して、政治や権力に関する名著を解説します。この中で特にオススメしたいのは、エドマンド・バークの『フランス革命の省察』です。

バークは何を言おうとしたのか。実は第2部で触れたヘロドトスと同じだと思

います。すなわち僕の理解では、バークは人間を本質的にものすごく愚かな存在であると考えていたのだと思います。その愚かな人間がいくら理性で考えても、大したことは考えられない。だから、理性万能主義ほど恐ろしいものはないのだ、と捉えていたようです。

バークの言いたかったことを平たく解釈して述べれば、次のようになると思います。

例えば、フランス革命では、それまでのグレゴリウス暦に代えて革命暦をつくりました（1793年）。グレゴリウス暦はキリスト教の影響を受けており、シーザーやアウグストゥスの名前も月名の起源にしているわけですから、アンシャンレジーム（従来型の社会体制）そのものであると考えたのです。

そこで、月名は霧月（ブリュメール）や熱い月（テルミドール）、曜日は10曜日あり、日付にも細かく名前をつけて新たな暦をつくりました。1時間は100分とか、1分は100秒とか、すべて理性で合理的に考えたわけです。ところが、その暦は1805年までしかもちませんでした。理性で考えたものより、慣れ親しんだものの方がいいと多くの人々が感じたのです。

共通語（リンガ・フランカ）の問題でも、原理原則から考えれば世界共通のエスペラント語の方が便利かもしれませんが、結局は共通語にならず、英語が事実上の世界語になってきています。

バークが唱えた保守主義とは、社会の中で長い間生き残ってきたものは、理屈はどうであれ人々が受け入れており、その限りにおいて正しい。そうであれば、社会がおかしくなってきたら少しずつおかしくなった部分から変えていけばいい。それが保守なんだという考え方でした。

すなわち、何百年も続いてきた慣習や制度は、理由は分からなくても人々が受け入れていると見ていいのだ。だからこそ正しい――と。

要するに、今あるものをあるがままに受け入れて、今、社会がうまく回っているのであればそれでよく、不都合な点だけを少しずつ変えていくのが人間社会のあるべき姿だと唱えたわけです。

バーク流に見れば、暦なんて変えなくたって誰も困らない。それなのに、フランス革命では暦を変え、「理性の祭典」ではそれまで親しまれてきた聖母マリアに代えて理性のシンボルとして別のきれいな女性をあがめたりしている。一般人は聖書を読んではいなくても、聖母マリアはありがたいなとなんとなく思って暮らしているわけです。

バーク流に考えれば、革命だといって新しく持ち上げた理性のシンボルである女性とマリアといったい何が違うのだ、いずれにせよ、きれいな女性をあがめているだけではないか、というのです。

世の中の変化に合わせて微調整をして、不都合、不満を少しずつ改善していくのが保守というものです。ところが、日本の保守は少し違います。

保守政治家といわれている人は、例えば憲法改正などを一所懸命にやろうとしていますが、現行の憲法については、現実問題としてはほとんど誰も困っていないわけです。

バークが生きていたら、日本は保守という言葉の使い方を間違えている、と指摘するのではないでしょうか。フランス革命の革命暦などと同じで、後のことまでよく考えず、誰も困っていないことを自らのイデオロギーで無理にやろうとしているのではないか、と。

そう考えると、日本の一部の保守は原理主義に陥ってしまったフランス革命の徒となんら変わりないように思えます。**「社会に根づいている物事が正しく、困った点はちょっとずつ直していけばいい」という、真の保守主義がわが国には存在しない。それが、日本の根本的な問題の一つではないのだろうかと常に思っています。**

とはいえ、フランス人はやはり「理性」で考える人々の集まりで、今の政体を「第五共和政」と呼んでいます。フランス風に考えれば、日本では第一立憲制が明治憲法、第二立憲制が今の憲法ということになるはずですが、日本で日本の政体についてそう考える人はまずいません。

そうしたことを考え合わせると、**バークの古典を読んで、民主主義や、「保守、革新」という概念の本質をしっかりと理解してほしいと思います。**

国民国家とグローバリゼーション

続く第8章のテーマは「グローバリゼーションの本質を見抜く」です。

この章では、比較的骨太の本を多く取りそろえました。というのも、僕は、読書は単に知識を得るためではなく、自分の頭で考える材料を得るためにあると考えているからです。

少し古い話で恐縮ですが、２０１３年1月にフランス軍がマリ共和国に軍事介入しました。10人の日本人をはじめ多くの方が犠牲になった、アルジェリアの天然ガス精製施設における人質事件の発端になった出来事です。

マリ政府の要請を受けたフランスが軍事介入、それに反発したゲリラがフランスに圧力をかけるため、アルジェリアのイナメナスで日本人を拉致(らち)してマリに連れていこうとした事件です。ということは、フランス軍がマリに入らなければ、日本人が犠牲にならずに済んだのかもしれない。それなのに、フランス軍がなぜマリに入ったのかということを、日本の新聞は何も書いていませんでした。

僕の答えは、フランスの電力を守るためだった、というものです。

フランスはほとんどの電力を原子力発電に頼っていますが、実はそのかなりの部分をニジェールのウランに依存しています。

ニジェールの西の隣国がマリで、その北隣がアルジェリアです。もし、ニジェールにゲリラ部隊が攻め込んだら、フランスの電力の相当部分が消えてしまうことになりかねない。フランスの電力に依存しているEU（欧州連合）が崩壊しかねない事態でもありました。

電力という貴重な社会基盤をニジェールに依存している以上、その周囲の紛争は何があっても解決しなければいけない。ゆえに、フランスはためらわずにマリに入り、EUもそれをすぐに支持したのではないか。

……と、素人（しろうと）の僕でさえすぐにそう考えました。いろいろな本を読んできて、グローバリゼーションを縦横に考えてみると、やはりそういう解が自然に見えてきたのです。

日本のメディアは、フランス軍がマリに入って、世界遺産のトンブクトゥを解放して、ゲリラが散ったなどと現象面だけを報じていました。そもそも、なぜマリに軍事介入したのかを教えてくれないのです。メディアだけに頼っていては、何も分かりません。

この章で紹介する本を読んで、そういったことを自分の頭で考える思考経路をぜひ組み立ててほしいと思います。


とりわけベネディクト・アンダーソンの『想像の共同体』と、イマニュエル・ウォーラーステイン『近代世界システム』〈Ⅰ～Ⅳ〉は、現代世界の全体的な構造を考えるうえでは必読の書です。

『想像の共同体』を読んでいなければ、国民国家（ネイション・ステート）の構造や成り立ちを理解することはできないし、『近代世界システム』を読んでいなければ、グローバリゼーションのメカニズムを理解することはできないからです。

人口問題を見誤らないために

最終章の9章は「人口問題から日本の近未来を考える」がテーマです。

普段とは違う長期的な視点から考えなければいけないわが国の最大の課題は、人口問題です。日本の将来を考える内閣府の調査では、94％もの人が、人口が減るのは良くないと答えていました。人口が減ることはやはり大変なことなのです。

この問題こそ、時間軸を長く持たないと判断を誤ります。そして、人口問題は全世界共通の問題でもあります。

そこでまず、人間の歴史の中で、人口とは何だったのか、人口とはどのようなものなのか、データもふまえてしっかり整理することが重要です。その点で、真っ先に読んでほしいのがマッシモ・リヴィーバッチの『人口の世界史』です。

「人間の歴史を通して、人口は繁栄、安定、安全と同義だった」

この本はこの胸のすくような一文から始まります。ペストが流行した時はモンゴルを含め、ユーラシア全体で人口が減りました。

人口が減るのは基本的には、病気が流行する、戦いが起こるなど、人類の繁栄が妨げられている時です。中国では、人口が減っている間は、統一政権が出現していません。

この本では、収穫逓減を論じたマルサスの名著『人口論』から始まり、エステル・ボースルプなどの「人口増加は発展を促進する」という相譲らない2つの立場を紹介しています。

つまり、生産性が高まっても人口が増えることで相殺され貧しくなってしまうのか、それとも人口増加は発展に寄与するかという問題です。

この人類1万年の歴史を見ると後者に分があるように見えますが、それはまだ資源の限界に到達していないだけの話かもしれない。

イントロダクション

著者は「時間をどうとるかが重要」だと指摘します。「世紀、あるいは千年紀を単位として歴史的に判断すべきなのか、それとも一生の間において起きると思われる問題に関心を絞るべきなのであろうか」と。

この本の結びでは「現在の人口増加は危険な道路（有限と考えられる資源の例え）を疾走する車のようなものである。道路の終点には峡谷（きょうこく）があり、事故は必然である。２つのチームが対処しようとしている。道路をなんとかしようとするチームと車の改良に取り組むチーム。しかし後者は意見がまとまらない。速度を落とすなどして時間稼ぎをするか、ハンドルやブレーキなどを改良して道路の特徴に合わせて加速や減速、停止ができるようにするか」と著者は問いかけます。

その答えは私たち自身の思考と行動にかかっているのでしょう。人口問題に直面している日本人なら、少なくとも一度は読むべき本です。

第7章　国家と政治の基本を理解する

政治ニュースに接していても、「権力とは何か」「政治とは何か」と真正面から問われて、答えられる人は少ないのではないでしょうか。ビジネスは国家や政治と無縁ではありません。時代を見通す大局観を身につけるためには、国家や政治を考える力が不可欠です。

戦後の政治システムの変貌

日本の政治といえば、55年体制です。55年体制を描いた本はたくさんあるのですが、**個人の伝記を通して、55年体制を見事に描き切った本が、『田中角栄　戦後日本の悲しき自画像』です。**

著者は元朝日新聞記者の早野透さん。55年体制を象徴する政治家、田中角栄元首相の番記者だった早野さんが、55年体制とはどういうシステムだったのかを、田中角栄の個人史を通じて解き明かした本です。戦後政治の枠組みをこれほど明瞭に描き切った本はほかにはないのではないでしょうか。

これ1冊で、戦後の政治の大きな流れが理解できると思います。

僕自身は田中角栄とは考え方が全く違うのですが、本書を読んで、改めて田中角栄はすごい人だったのだなと思いました。

高度成長とともに政治家として影響力を強めていった田中角栄がいかにしてその地位を築き、いかにして力を失ったのか。膨大な取材の蓄積の中から選りすぐった事実が、緻密で、かつ品のある文章に凝縮されています。

早野さんは、田中角栄の後援会である「越山会（えつざんかい）」の真実の姿を知るために、新潟支局への赴任を希望したといいます。現地で一軒一軒訪ねて、取材を積み重ねてきた

『田中角栄　戦後日本の悲しき自画像』
早野透
中公新書／2012年

ジャーナリスト魂の結晶です。田中角栄の人物像と55年体制の全貌が1冊で理解できる、一石二鳥のお得な本といえるでしょう。

もっとも、戦後の政治システムは、実は小選挙区になってからかなり変わっています。田中角栄が亡くなってからもう四半世紀以上が経ちました。細川護熙と小沢一郎が手がけた**小選挙区制度は、日本の政治の大きな分水嶺だったという気がしています。その変化を分かりやすく整理したのが、『首相支配——日本政治の変貌』だと思います。**

『首相支配—日本政治の変貌』
竹中治堅
中公新書／2006年

1選挙区で1人しか当選できない小選挙区制度が衆院選に導入されたことで、いわゆる市場の力がさらに強くなり、55年体制そのものもかなり変貌しました。要するに、1990年代の政治改革とは何だったのかということを、この本は政治学者の視点で構造的に分析しています。

早野さんの本とこの本を読めば、戦後の

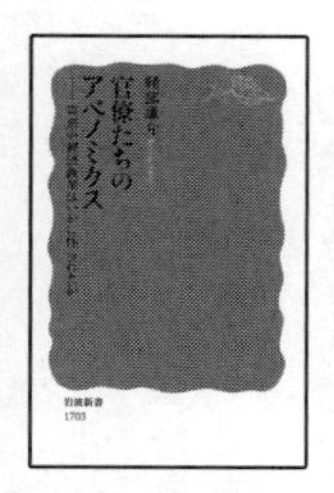

『官僚たちのアベノミクス　異形の経済政策はいかに作られたか』
軽部謙介
岩波新書／2018年

『バブル　日本迷走の原点』
永野健二
新潮社／2016年

『変貌する民主主義』
森政稔
ちくま新書／2008年

政治の大きな流れのようなものはほぼカバーできると思います。

また現在、私たちが問われているのは、劇場型政治、あるいはポピュリズム（大衆迎合主義）ではないでしょうか。小泉政権は「小泉劇場」などといわれましたが、民主党もポピュリズムでしたし、安倍政権ももしかしたらポピュリズム的なのかもしれません。

選挙制度が変わる中で、政治はかなり変貌しました。**選挙制度とともに、民主主義そのものも変わったのかもしれません。そこで、『変貌する民主主義』という本を次に紹介しましょう。**

日本・中国・韓国のナショナリズムや新自由主義などとの関係は一度押さえておかなければいけませんし、そもそも民主主義とはどういうものなのかということもこの本で整理できます。

政治において、一番考えなければならない厄介な問題はポピュリズムであり、ナショナリズムであり、はたまた新自由主義のような考え方だと思うからです。古典的な民主主義から、市場主義経済が蔓延する中でポピュリズムやナショナリズムが生まれてきた大きな流れがよく理解できます。

直近の本では、**バブル崩壊のプロセスを描いた永野健二さんの『バブル』や軽部謙介さんの『官僚たちのアベノミクス』も押さえておいていい良書です。**

人間には「労働」「仕事」「活動」の3つの行為がある

戦後のわが国の政治状況を中心に頭を整理した後で、**政治の原点を考えるために古典を読んでみましょう。ほとんどの政治家が読んでいる（と思われる）、マックス・ウェーバーの『職業としての政治』です。**

『職業としての政治』
マックス・ウェーバー／
脇圭平（訳）
岩波文庫／1980年

近代のほとんどの知性はマックス・ウェーバーから始まると言っても過言ではないと思います。著書には『職業としての学問』があり『職業としての政治』があり、『プロテスタンティズムの倫理と資本主義の精神』（165ページ）があります。マックス・ウェーバーの名前を聞いたことのない人はほとんどいないでしょう。どの本も決して厚くはありませんので、一度きちんと読んでみましょう。

古典中の古典です。

「『権力本能』——と一般に呼ばれているもの——は政治家にとって実はノーマルな資質の一つである。——ところがこの権力追求がひたすら『仕事』に仕えるのでなく、本筋から外れて、純個人的な自己陶酔の対象となる時、この職業の神聖な精神に対する冒瀆が始まる」

比例区で当選したのに平気で離党を考えるような政治家は、この『職業としての政治』を読んで頭を冷やしてもらいたいものです。

政治の大きいテーマの一つとして、「私」と「公」の問題が挙げられます。市場経済とは、個人が自由に活動することが基本であり、「私」の活動ですが、その影響は当然、社会つまり「公」につながります。

特に近年では、経済が分からないと政治も分かりません。米国の大統領選でも、直近の株価次第だといわれたりしています。株価と政治の関係は「私」と「公」の関係であって、株価が政治に影響するさまは個人や企業、経済といった

「私」の肥大化だと考えることも可能だと思うのです。

政治とは、つまるところ税金の分配。税金を何に分配するかといえば、公共財や公共サービスの提供に分配するのです。であるならば、**政治のベースにあるのは「公」であるはずです。民主主義は西洋で生まれたものですから、西洋の民主主義の長い歴史の中で「公」と「私」がどのように扱われてきたのか、「公」とは何かということを、きっちりふまえておく必要があります。**

それを学ぶには20世紀最大の哲学者の一人である、ハンナ・アレントの『人間の条件』がオススメです。戦後の名著の一つです。

『人間の条件』
ハンナ・アレント／志水速雄(訳)
ちくま学芸文庫／1994年

「公」とは何か、「私」とは何か。それが、国家や経済の発展、技術革新とともにどのように変化し、「私」の領域だった活動がどのように「公」の領域を浸食していくか。そういったことを、実に緻密に論じています。

経済学をはじめとした社会科学に対する

突き放した理解など、アレントが書いていることは全編にわたって、実に示唆に富んでいます。なかでも人間の行為を労働、仕事、活動に分けて整理しているところに新鮮な発見があります。

労働、すなわちレイバーは私経済であり、お金を稼ぐための活動です。一方の仕事、つまりワークは作品をつくったり、モノをつくったりすることです。そして、活動、アクションというのはモノや事柄の介入なしに人と人の間で成り立つ行為で、熟考して本質を捉えることも含まれます。活動は、古代にさかのぼれば、主として政治などの公的なものを指していました。

アレントはこの3つの存在を縦糸として、横糸にギリシャから現在に至る政治、社会状況の変化をふまえて、この3つの行為がどのように変貌してきたかを整理し、レイバーが資本主義の下でどんどん肥大化し、それに伴って公的な問題のために人間が活動する能力が次第に弱ってきた、という結論を導いています。

先に紹介したウェーバーはいわば原理原則のかたまりみたいなもの。それにアレント独特の分析を加味して、「公」というものについてじっくり考えてみましょう。

政治のリアリズムを学ぶ

政治とは、すなわち権力。そして、国家の実体はむき出しの権力です。そのリアリズムを離れて甘いロマンチシズムや感傷で政治を語ってしまうと、政治には何も期待できません。

その本質を再認識するには、カール・シュミットの『政治思想論集』がうってつけだと思います。

『政治思想論集』
カール・シュミット／服部平治、宮本盛太郎（訳）
ちくま学芸文庫／2013年

本書にはカール・シュミットの代表的な論文がいくつか入っていますが、とりわけ「権力並びに権力者への道についての対話」では、権力がなぜ成り立ち、どのように大きくなったのか、人々はなぜ征服されるのか、といった基本的な問いに対する深い洞察が対話を通じて展開されています。

短い論文ですからぜひ通読してみてください。そして、「人間は人間にとって人間である。（略）だが、人間であることは、それにもかかわらずつねに一つの決意をすることなのだ」という結びから、政治に必要な資質について思いを巡らせてみましょう。


最近、「支持する政党や政治家がいない場合は白票を投じよう」「選挙に行かないことも市民の一つの意思表示だ」などと言う人が増えています。自己満足のためならそれでも構いませんが、今の政治制度のもとでは、選挙に行かないこと、あるいは白票を投じることは比較第一党に入れることと結果的には同じです。

カール・シュミットは、政治がリアリズムそのものだということを教えてくれます。白票を入れろとか棄権しろなどという一種の感傷主義からは一日も早く脱却してもらいたいものです。

「右翼」と「左翼」はフランス革命が生み出した

さて、政治を切り口に8冊の本を駆け足で見てきました。**ここで少し視点を変えて、政治に伴う対立軸、レッテルについて考えてみましょう。**

世の中の対立軸にはいろいろなものがあって、「自由か平等か」「市場か統制か」「中央集権か地方分権か」など枚挙に暇がありません。

政治についていえば、「保守対革新」、あるいは「右翼対左翼」といった対立軸がその典型でしょう。特に、「保守と革新」「右翼と左翼」という概念は人々の座標軸を定める上で、かなり大きな影響を及ぼしていると思います。

この**「右翼」「左翼」という言葉は、フランス革命に端を発しています。**フランス革命の最初のきっかけをつくったのは、財政難に陥った国王ルイ16世でした。国家財政破綻の危機に際し、特権階級にも税金を払ってもらうよう、もくろんだのです。

しかし貴族たちは、免税特権という既得権益にしがみつき、これに激しく抵抗、国王は国民の代表が集まる「三部会」を開いて意見を聞いて決めるしかない状況に追い込まれます。そもそもは、国家財政難でも自分たちの懐は痛めたくないという特権階級の利己心が出発点でした。

1789年、ベルサイユで170余年ぶりの三部会の初会合が開かれ、全国から選挙で選ばれた1200人もの代表者が集まりました。

ここで、身分別に採決するか、議員数で採決するかで意見が割れます。第一身分（僧侶）と第二身分（貴族）を足した数と、サン・キュロット（貴族と違ってキュロット＝半ズボンをはかない人）と呼ばれた第三身分の平民の数がほぼ同じだったからです。議員数でみれば、平民に同調する何人かの第一身分と第二身分を足し合わせれば、第三身分の意見が通ることになります。

そこで、第三身分の人々は独立する動きを見せ、第一身分と第二身分に、合流を呼びかけました。それを見たルイ16世が、第三身分の人々が会議をしていた部屋を閉鎖したため、第三身分は急遽(きゅうきょ)テニスコートに集まって会議を開き、そこに第一身分、第二身分の多くが合流し、「憲法をつくるまで、我々は解散しません」という「テニスコートの誓い」を立てました。

その動きを受けて、ルイ16世はあくまで身分別の議決を呼びかけましたが、三部会は応じず、3つの身分が合流して開かれたのが憲法制定国民議会で、これが現代でいう「国会」のルーツの一つになりました。

その時に、議長から見て右の方にアンシャンレジームを維持したい人々が座ったため、そこから右翼、左翼という言葉ができたといわれています。

こうおさらいすると、**近代社会の基礎はフランス革命の時に築かれたということがよく分かるのではないでしょうか。**

以後、階級的な封建社会の打破を目指したフランス革命は、それまでは必ずしも一般的ではなかった「自由、平等、友愛」という理念を掲げるようになりました。

メートル法といった度量衡（どりょうこう）、ネイション・ステート、すなわち国民国家という考え方、さらには民法典など近代国家の重要なインフラもかなりの部分がフランス革命を通じて生み出されました。もっともフランス革命が本当に完結するのは、１８４８年のヨーロッパ革命を待たねばなりません。

日本の戦後の混乱期にも、フランス革命を研究する学派がありました。先行きの見通せない時代に、市民社会のありようをゼロから考えるには、フランス革命についての考察を深めることが欠かせないのではないかと思います。

そこで、**フランス革命に関する書籍をいくつか紹介しましょう。**

1冊目は佐藤賢一さんによる『小説フランス革命』全18巻の中の17巻『ダントン派の処刑　小説フランス革命17』です。17巻を読むだけでもいいだろうと僕は思います。

人形浄瑠璃や歌舞伎でも、決して物語のすべては上演しませんね。一番素晴らしいところだけを取り上げて上演します。それと同様に、このシリーズはクライマックスに当たる17巻だけでも十分に面白く、様々なことが分かるような気がします。

この巻は、ロベスピエールが、かつての革命の同志であったダントンやエベールを断頭台に送って処刑してしまう時期を扱っています。

ややくだけている佐藤さんの文体は好き嫌いが分かれると思いますが、口語体で読みやすく、面白く書かれています。文体の好みが合い、ゆっくり取り組みたい人は全巻を読んでもいいと思います。

『ダントン派の処刑　小説フランス革命17』
佐藤賢一
集英社文庫／2014年

『物語　フランス革命　バスチーユ陥落からナポレオン戴冠まで』
安達正勝
中公新書／2008年

ただ、佐藤さんの本はあくまで小説ですので、もう少し整理されたものをきちんと読みたいと思う人がいるかもしれません。そういう人にオススメなのが、**安達正勝さんの『物語　フランス革命』です。**

こちらも大変分かりやすく、意外に知られていないフランス革命の面白いエピソードが盛りだくさんに紹介されている良書で

す。

佐藤さんの本で、物語を通じて当時の息吹を生で味わった後、ざっと全体をまとめてある『物語　フランス革命』を読めば、「フランス革命とはこういうものだったのか」「ああ、それで最後はナポレオンになっちゃうんだ」という感じで、フランス革命の流れと全貌が感覚的につかめると思います。

フランス革命についてはこれまでも山ほど本が書かれていますが、この2冊は比較的最近、出版された本です。まずは面白い小説とその要約という形で、フランス革命を軽くおさらいしてください。

トクヴィルが衝いた人工国家、アメリカの本質

先ほど、右翼と左翼という言葉はフランスの国会における席次が起源だという話をしましたが、「保守」「革新」という言葉も実は、フランス革命からきています。既に紹介した**エドマンド・バークは『フランス革命の省察』**（186ページ）**で保守主義を唱え、「保守主義の父」といわれるようになりました。**

バークと並び称される保守主義者といえば、トクヴィルです。

実はフランス革命は、アメリカ革命の影響を受けていました。なぜかといえば、世界で最初の人工国家がアメリカであり、ジャン＝ジャック・ルソーの『社会契約論』の影響を受けた人々が契約の下に新しい国をつくるという考え方を実践に移してしまった国だからです。国家はもともとは自然発生的に生まれて

きたものです。でも、アメリカは違った。

アメリカ合衆国は、北米の原住民のほとんどがユーラシア大陸から持ち込まれた病原菌で死に絶えた後、旧大陸から来た移住者、例えば欧州の白人やアフリカから連れて来られた黒人によって人工的につくられた国家です。

フランス革命で最初に戦いの狼煙(のろし)を上げたラファイエット、彼は三色旗をつくった人ですが、米国の独立戦争に加担した人でもあります。アメリカという人工国家の誕生時に生まれた理性や人権などというイデオロギーが、フランス革命を準備することになったのです。

その**米国のデモクラシーについて、トクヴィルが深掘りして描いたのが『アメリカのデモクラシー　第1巻上〜第2巻下』です。この本は現在の米国を理解するうえでも必読だと思います。**

トクヴィルは、この本で建国前からのアメリカの歴史を多角的に掘り下げており、今でも色あせることがありません。読んでいてぐいぐい引き込まれます。例えば、以下のような記述は、実に本質を衝く指摘ではないでしょうか。

「合衆国には他と違って金持ちがいないというのではない。それどころかこの国ほど金銭欲が人の心に大きな場所を占め、財産の恒久的平等という観念がこれほど深く軽蔑されている国を私は他に知らない。ただここでは運が信じられない速さでめぐっており、経験の教えるところでは二世代続いて運に恵まれるのは稀である」

『アメリカのデモクラシー』〈第1巻上～第2巻下〉
トクヴィル／松本礼二（訳）
岩波文庫／2005～08年

『トクヴィルが見たアメリカ　現代デモクラシーの誕生』
レオ・ダムロッシュ／永井大輔、高山裕二（訳）
白水社／2012年

ちなみに、トクヴィルについては近年、**『トクヴィルが見たアメリカ』という伝記が出版されました。トクヴィルがどのような旅をしながら、アメリカに関する考察を深めたかなどを紹介する伝記です。**

現代人が書いていますし視点もユニークなので、この2冊をあわせて読むとトクヴィルに対する理解が一段と深まると思います。

ロシア革命と文化大革命

ここまでフランス革命にまつわる本を紹介してきましたが、革命といえば近現代ではロシア革命や中国の文化大革命があったんじゃないの？　という人もいるでしょう。

最後に、ロシア革命と中国の文化大革命についても触れておきます。

ロシア革命については、冷戦が終わり、共産主義の優位性が失われたことはもう誰

『ワイルド・スワン』〈上・中・下〉
ユン・チアン／土屋京子（訳）
講談社+α文庫／2017年

『世界をゆるがした十日間』〈上・下〉
ジョン・リード／原光雄（訳）
岩波文庫／1957年

もが知るところでしょう。ただ、ロシア革命も最初の頃はやはり世界に多大な影響を与えて、これはひょっとしたら新しい世界の始まりではないかと受け止められたものでした。

そこで、**米国人ジャーナリスト、ジョン・リードによるルポルタージュの名作『世界をゆるがした十日間 上・下』をオススメします。**

巡洋戦艦オーロラ号の砲撃に始まり、それからわずか10日間でロシア革命がどう変質していったのかを、ペテルスブルグを拠点にして取材したものです。

いまさら、マルクス・レーニン主義などのイデオロギーは追わなくてもいいと思いますが、ロシア革命とはどのような革命だったのか、その現場にいた人が書いた革命の息吹を伝えるものとしては一級品だと思います。

また、**中国の文化大革命についてはやはり、ベストセラーにもなった『ワイルド・スワン 上・中・下』を強く推したいと思います。**

現代中国を理解するための一つの本質は、文化大革命期の大混乱期にあると思います。その大混乱をリアルに描き切っているのが本書です。

幼い頃に紅衛兵も経験した著者ユン・チアンさんとその家族の過酷な実体験から、旧日本陸軍による満洲国の成立なども含めて、近現代の歴史を生き生きと振り返ることのできる良書です。

いずれも文庫になっていますので、ぜひ手に取ってみてください。

ちなみに、中国は共産主義の国家ですが、国を実務的に支えている官僚はものすごく優秀で、世界のことを実によく知っています。

僕は、日本生命時代に中国に保険会社をつくろうと、3年ほどほぼ毎月「北京詣で」をしていました。相手の官僚とは何度も顔合わせをしているうちに随分親しくなりましたが、バークやトクヴィルのことも平気で議論することができました。考えてみれば皆、欧米の超一流の大学院を出ているのですから当たり前ではありますが。

さて、日本のエリートはどうでしょうか。

第8章 グローバリゼーションの本質を見抜く

僕からの質問です。

「ペリーはなぜ、鎖国中の日本にわざわざやってきたのでしょう?」

貿易がしたいから? 捕鯨のため? いやいや、もう少し突っ込んで考えてみましょう。それは、これから紹介する本で読み解けます。

通貨戦争にボロ負けした幕末日本

最初の本は、1853年に日本に黒船に乗って来航したペリー提督の報告書『ペルリ提督　日本遠征記　1〜4』です。

この本が岩波文庫版として翻訳されたのは、1945年(昭和20年)、まさに敗戦の年でした。1巻冒頭の解説で、訳者は「マッカーサー将軍は民主主義日本の黎明を告げる人とならうとしてゐる」（原文ママ、原文の旧字を新字に改めた）などと書いています。この本の原書は、ペリー提督の報告書を、フランシス・L・ホークスという人がペリー提督の監修のもとに編纂したものでした。

当時の日本の状況や国際事情が「アメリカ目線」から紹介されており、教科書的な知識しかない場合は目からウロコが落ちること、間違いありません。そして、ペリー提督が黒船で来日して、言語から地政学的な歴史、文化に至るまで、恐らくは日本人以上に、日本のことを洗いざらい調べ上げたことがよく分かります。また、米国内でも日本に来るための根回しにいかに努めたかというウラ事情も垣間見られます。

『ペルリ提督　日本遠征記』
〈1～4〉
ペルリ／土屋喬雄、玉城肇（訳）
岩波文庫／1948～55年

19世紀当時の米国の最大のライバルは大英帝国でした。中国との貿易をめぐり、米国は大英帝国と争っていました。お茶や絹をはじめとする中国の豊かな産物と大きな市場が狙いです。ペリーは、大西洋を通って欧州に行き、それからインド洋を渡って中国に来ています。でも、こういう航路を通っている限り、絶対に大英帝国には勝てません。大英帝国はインド洋を通ればいいだけで、大西洋を渡る必要はないのですから。そこでペリーは、太平洋を通って中国に来れば、大英帝国に勝てると考えた。

しかし、そのためには日本という中継基地がいる。これが米国の当時の世界戦略でした。事実、日本には貿易と同時に複数の貯炭庫の設置を求めたことが、本にも書かれています。

この文庫本4冊は一部絶版になっており、現在は古本しかありません。ただ、**『日本遠征記』をベースにした小説があるので紹介しましょう。それが佐藤賢一著、『開国の使者　ペリー遠征記』です。**今の言葉で書かれていてとても読みやすい本です。

融通の利かない杓子定規な幕僚に対して、頭に血が上ったペリーがぞんざいな口調で怒ったり悩んだりする姿が描かれています。「人間ペリー」の苦闘ぶりを生き生きと描写しながら、当時の史実を紹介しています。

この本のベースになった冒頭の『日本遠征記』は、書店では売っていなくても図書館にはあると思います。ただ、旧字体で書かれていますし、字も小さいです。簡単に読みたいと思われる人は、こちらの小説からどうぞ。そして、物足りないと思った人は、ぜひ『日本遠征記』を手に取ってください。

日本のグローバリゼーションの出発点を見たら、次は為替（かわせ）の出発点を見ておきましょう。『大君の通貨　幕末「円ドル」戦争』です。

そもそもペリーが来た時に、日本の為替はどのような扱いを受けたと思いますか。

つまり、日本が米国の力によって開国した時に、為替市場（当時は金と銀の交換レート）ではいったい何が起こったのかということです。これをきちんと見ておくと、きっといろいろなことが分かります。日本は明治維新の前後から、いわばグローバルな世界に再び取り込まれたわけですから。

ペリーほどではありませんが、歴史に名を残している米国人に日米修好通商条約に調印した外交官、タウンゼンド・ハリスがいます。教科書のうえでは、比較的「紳士」のイメージで伝えられてきたと思います。このハリスをはじめとする外国人たちが開国後、いかに小判（金）と銀貨の為替をめぐる投機に取りつかれ、紳士然としながらも、強欲な醜いカネの亡者になっていたのかが、実に生き生きと描かれています。

『開国の使者　ペリー遠征記』
佐藤賢一
角川文庫／2014年

『大君の通貨　幕末「円ドル」戦争』
佐藤雅美
文春文庫／2003年

読後、為替がいかに重要で大きな存在か、そして無知なリーダーがいかに人々を不幸にするか、ということをしみじみと考えさせられるのではないでしょうか。

当時の状況を改めて考えてみてください。日本は長い間鎖国をしていて、そもそも為替に関する情報がほとんど入ってきていません。しかも、相手はどんどん力をつけている米国で、まずは無理筋の要求を突きつけてから交渉を始めるのが常。それなのに、いきなり為替のディールに臨んでみたって、勝てるわけがない。

そういった当時の様子が克明に描かれています。ああ、無知とはいかに恐ろしいことなのか……。思わずため息が出てしまうかもしれません。

明治維新といえば、大久保利通や西郷隆盛をすぐに連想してしまいますが、そういったありふれた視点から離れて明治維新を「地球大」で考えてみましょう。そのスタートとして『開国の使者』と『大君の通貨』は最適だと思います。

なお、2018年は、明治維新150年の節目の年の当たります。僕が半藤一利さんに教えを乞うた『明治維新とは何だったのか　世界史から考える』（半藤一利・共著、祥伝社）も参考にしてください。

世界は「中心」と「辺境」から成り立っている

『近代世界システムⅠ 農業資本主義と「ヨーロッパ世界経済」の成立』
イマニュエル・ウォーラーステイン／川北稔（訳）
名古屋大学出版会／2013年

『近代世界システムⅡ 重商主義と「ヨーロッパ世界経済」の凝集1600-1750』
イマニュエル・ウォーラーステイン／川北稔（訳）
名古屋大学出版会／2013年

次は世界の構造を知るための本です。となると、イマニュエル・ウォーラーステインの著作は外せません。歴史的名著『近代世界システムⅠ　農業資本主義と「ヨーロッパ世界経済」の成立』をぜひ読んでみてください。ウォーラーステインのライフワークである世界システム論をひもといた本です。

この本は16世紀のヨーロッパの構

造を解明し、現在に至る世界経済の仕組みの出発点について実証的に分析したものです。

なお、**続編として『近代世界システムⅡ　重商主義と「ヨーロッパ世界経済」の凝集　1600‐1750』、『近代世界システムⅢ　「資本主義的世界経済」の再拡大　1730s‐1840s』が出版されており、2013年発刊の最新刊『近代世界システムⅣ　中道自由主義の勝利　1789‐1914』では第1次世界大戦が始まった1914年までを扱っています。**

これらの本を読むと、世界の構造は一つであって、「中心」と「辺境」から成り立っていることが鮮やかに理解できます。その歴史的な変化や、政治と経済との関係などについて、様々な角度から考えることができるでしょう。

ウォーラーステインは、経済学者のカール・マルクスやジョセフ・シュンペーター、歴史学者フェルナン・ブローデルなどの世界観から大きな影響を受けています。批判も多い人ですが、混迷する現代世界を再び考え直す格好の材料になると思います。かなり骨太ですが、ぜひ読んでみましょう。

さて、ウォーラーステインの大作を読み込んで、世界における「中心」と「辺境」についての理解を深めたら、明治以前のグローバルな時代を振り返ってみましょう。**鎖国以前の日本人がいかに素晴らしかったか、それを鮮やかに描いた小説が『クアトロ・ラガッツィ　天正少年使節と世界帝国　上・下』です。**

『近代世界システムⅢ　「資本主義的世界経済」の再拡大　1730s-1840s』
イマニュエル・ウォーラーステイン／川北稔（訳）
名古屋大学出版会／2013年

『近代世界システムⅣ　中道自由主義の勝利　1789-1914』
イマニュエル・ウォーラーステイン／川北稔（訳）
名古屋大学出版会／2013年

クアトロ・ラガッツィとは、4人の少年という意味です。16世紀の終わり頃、日本がグローバル社会に開かれていた時代に、夢と希望にあふれて世界に出て行った九州出身の4人の少年たちの物語です。

出発した時は織田信長の安土桃山時代でした。彼らはイエズス会の日本人信徒として、中国、インド、ポルトガルを経てスペインに渡り、スペインのフェリペ2世に謁見しました。そこからイタリアに渡り、フィレンツェではフランチェスコ・デ・メディチ大公から熱烈な接待を受け、さらには芸術史上の大パトロン、ファルネーゼ枢機卿(すうききょう)に迎えられてローマに入りました。そこではローマ教会の頂点に立つグレゴリウス13世と全枢機卿に公式に接見しています。当時の世界の最高峰の文化・芸術に直接触れた最初の日本人でした。

4人の少年は8年もの間、世界を回って成長し、ラテン語を話す立派な大人になって帰国します。その後、豊臣秀吉にも親しく接して西欧の知識、文物と印刷技術を日本にもたらしました。

ところが、時代は悲惨な鎖国へとつき進み、彼らを派遣したキリシタン大名たちが死去して、キリシタンに対する未曽有の迫害が始まります。そして、彼らの運命は突如として、坂道を転げ落ちるように暗転していきます。

日本を船出していった時は太陽が昇り希望に満ちて輝いていたのに、帰国したら猛烈な嵐に見舞われました。その中で、時代の流れに振り回されながらもけなげに生きようとし続けるのですが、やがて実に理不尽で残酷で、悲惨な最期を迎えてしまいます。クライマックスでは、権力は、善良で聡明で勤勉な人々に対してここまで残酷になれるものなのかと、もう涙なしには読めません。

僕はもう古稀を迎えましたので、最近は面白い本でも徹夜して読むことはありませんが、この本は徹夜して読み通した最後の本でした。

大変感動したので、翌朝になってすぐに著者の若桑先生に電話して、「勉強会に話しに来てください」とお願いしました。その時は奇跡的に電話がつながって、その場で快諾いただきました。皆さんも、ぜひ歴史のうねりと非情を全身で感じられる素晴らしい傑作の醍醐味を味わってください。

『クアトロ・ラガッツィ 天正少年使節と世界帝国』〈上・下〉
若桑みどり
集英社文庫／2008年

『黒いアテナ』〈上・下〉
マーティン・バナール
／金井和子（訳）
藤原書店／2004年

『地図は語る　モンゴル帝国が生んだ世界図』
宮紀子
日本経済新聞出版社／2007年

虚構にすぎない「民族」がなぜ人を動かすのか？

さて、ここで少し時代をさかのぼってみましょう。まずは、**中世14世紀の『地図は語る　モンゴル帝国が生んだ世界図』**です。

この本は、20世紀初頭に京都の西本願寺で、また1988年に長崎の本光寺で見つかった2つの14世紀の地図をベースに、世界の構造やグローバリゼーションを考えた本です。カラーの図や写真が満載ですので、パラパラとめくっているだけでも博物館の資料を見ているような楽しさがあります。手に取って眺めているだけでもいろいろと発見があるかもしれませんね。

次が問題作の『黒いアテナ　上・下』です。こちらは、欧米でも大論争を巻き起こした有名な本です。

古代ギリシャといえば、端整なマスク、素晴らしく均整の取れた肉体、オリンピックの発祥地など西洋の白人文明の象徴ですね。ところが、古代ギリシャはエジプトなどアフロ・アジア文明の影響を受けていたのだという、天地をひっくり返すような論考です。タイトルが『黒いアテナ』なのはそのため。

ギリシャがどれだけアフリカ（エジプト）やアジアから影響を受けていたか、つまり、いかにグローバルであったかということを考えさせられる本です。

ここまで、明治以前のグローバリゼーションを考えるうえで示唆に富む2冊を見てきました。後半は、もう一度グローバリゼーションの全体像を俯瞰してみましょう。

まず、**有名な文化人類学者の日本での講演録『ベネディクト・アンダーソン**

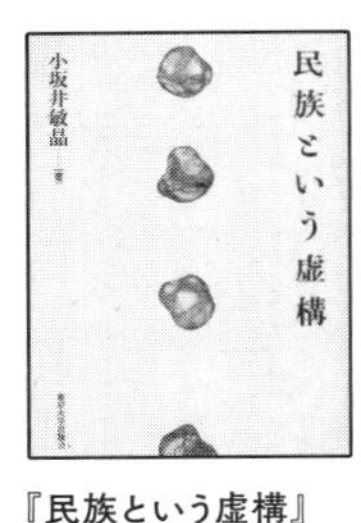

『民族という虚構』
小坂井敏晶
東京大学出版会／2002年

『定本　想像の共同体
ナショナリズムの起源と流行』
ベネディクト・アンダーソン
／白石隆、白石さや（訳）
書籍工房早山／2007年

『ベネディクト・アンダーソン　グローバリゼーションを語る』
梅森直之（編著）
光文社新書／2007年

グローバリゼーションを語る』はどうでしょう。こうした著名な学者が近年のグローバリゼーションをどう見ているのか、さらりと知っておくのも面白いと思います。**彼の『定本　想像の共同体』はウォーラーステインの『近代世界システム』（186、227ページ）と並ぶ歴史学徒の必読書です。**

アンダーソンによれば、国民国家とは、遠く隔たった地点にいる人と自分が共通の共同体に属するというフィクションを生きることを意味しています。例えば、北海道で亡くなった人であれ、イスタンブールで亡くなった人であれ、私たちが直接知らない人であることには変わりありません。つまり、赤の他人です。

ところが、イスタンブールで市民が50人亡くなることより、北海道で日本人が5人亡くなることの方が、新聞では大きく取り上げられます。なぜなら、北海道に住む人々は自分と同じ「日本国民」という「想像の共同体」を生きているからです。私たちは、メディアと教育によってこの感覚を持つことができ、それによって一つの共同体を生きる。これが「国民国家」と呼ばれるものの正体です。

次に、小坂井敏晶さんの名著『民族という虚構』。グローバル社会の中で、必ず問題になるのは民族紛争です。

本書は社会心理学者から見たグローバリゼーションの分析で、とても読み応えがあります。そもそも民族は存在するのか、また存在するとすればそれはどのような意味においてか、などを追究した本です。民族というものをどう考えるのか、民族の問題はなぜ厄介なのかを考えるうえで最適な本の一つでしょう。

ちなみに、僕はタイトルを見て、民族というのは実は虚構にすぎないと、つくられたものであると、そういうことを主張している本だろうと思って読んだので

『戦後世界経済史
自由と平等の視点から』
猪木武徳
中公新書／2009年

『サピエンス全史
文明の構造と人類の幸福』
〈上・下〉
ユヴァル・ノア・ハラリ／柴田裕之(訳)
河出書房新社／2016年

『社会心理学講義：
〈閉ざされた社会〉と〈開かれた社会〉』
小坂井敏晶
筑摩選書／2013年

すが、全く意表を突かれました。

全部で10章ぐらいの本なのですが、最初の2章ぐらいで、民族なんて虚構に決まっているよね、という結論をさっさと出してしまっている。それでは、残りの章に何が書いてあるのかというと、このような虚構がなぜ強固に生き残り、人々の心を揺り動かすのだろうかということを、実にしつこく掘り下げているのです。

僕は読んで目からウロコが「ばさっ」と落ちました。**著者には『社会心理学講義』という、人間と社会をトータルに分析したこれまた素晴らしい名著があります。最近有名になった『サピエンス全史』は、ベネディクト・アンダーソンの発想に大きな影**

響を受けていると思います。

文化人類学と社会心理学からグローバリゼーションを考えたら、**最後は経済学ですね。そういう時は、『戦後世界経済史』がベストの1冊。**グローバリゼーションは戦後ずっと続いているので、これらの本を丹念にきちんと読み解くことが、現代社会を考える有力な手がかりになると思います。

「万里の長城」に化けた鄭和の大艦隊

次に、視点を国際政治に広げてみましょう。国際政治の底流には、表層的な情報を追っているだけでは絶対に分からない何ものかが横たわっています。ゆえに、国際関係における突発的な問題が起こった時、メディアの情報だけを追っていては何も本質が理解できません。

読者の皆さんがこうした事態に直面した時に、自分で考えるベースとなるような本を紹介しましょう。

『マハン海上権力史論〈新装版〉』
アルフレッド・セイヤー・マハン／北村謙一（訳）
原書房／2008年

『マッキンダーの地政学 デモクラシーの理想と現実』
ハルフォード・ジョン・マッキンダー／曽村保信（訳）
原書房／2008年

1冊目は地政学の祖、ハルフォード・ジョン・マッキンダーの大著『マッキンダーの地政学』です。

本書は、「ハートランドの戦略論」として世界的に知られています。ユーラシア大陸の一番核になる部分、すなわちハートランドを支配した国が、覇権を握るという発想です。

僕の学生時代の恩師の一人である高坂正堯(こうさかまさたか)先生が、「国際政治を理解するには、マッキンダーぐらい読まないとダメだよ」と言って、この本の原書をテキストにして地政学を教えてくださいました。

マッキンダーは英国人ですから、大英帝国の視点から地球戦略の壮大なグランドデザインを頭に描いています。

世界の政治力学には、平たくいえば、陸軍の発想と海軍の発想があります。これは、大陸国家の発想と海上国家の発想の違いと言ってもいいと思います。それを学ぶ上で、この本は大変に役に立ちます。

陸軍の発想は、鉄道という強力な「武器」の登場により、劇的に進化しました。大昔は馬でなければ人の移動ができなかったものが、鉄路によって大量の兵員を輸送することが可能になったからです。そうした兵站を基本に、敵国からの防衛に費用と人力を割いていくのです。

これに対して海上国家は、海上交易を通じてどのように経済交流を促進していくか、さらには有事に際して、どのようにして安全な海上交通路を確保するかという視点が重要になります。

米国人のアルフレッド・セイヤー・マハンが著した『マハン海上権力史論』は、こうした海上交通路、すなわちシーレーン（sea-lanes）の発想を学ぶのに最適な教科書だと思います。

この本を読めば、目下話題になっているシーレーン、ホルムズ海峡からマラッカ海峡を抜けて日本に原油を運ぶ航路も、マハンの発想で捉えることができます。

前述したように、これからの国際政治を考えるためにはマッキンダーとマハンぐらいは勉強しておかなければダメだよ、と教わりましたが、今でもこの教えは色あせていないと思います。

僕の知る限り、国際政治の力学、地政学の基本を理解する上でマッキンダーとマハンを超える書物はまだ現れていないと思います。

尖閣諸島のような海をめぐる争い、クリミア半島のような陸をめぐる争いなど、今の世の中でも陸と海の双方で争いが続いています。その地政学的なグランドデザインを理解するためにも、これらの本はぜひとも一読した方がいいと思います。時間をかけてもいいですし、場合によっては1年計画でもいいので、この2冊を読み込むと、国際政治の姿が違って見えるようになるでしょう。


海と陸の争いは、昔も今も世界中に見られます。大陸国家の代表のように思われている中国ですら、「陸の中国」と「海の中国」のせめぎ合いがありました。

海の中国の象徴は、15世紀初頭の鄭和（ていわ）艦隊です。宋から大元ウルスへ続いてきた海上国家・中国の掉尾（ちょうび）を飾る大艦隊ですが、中心となる船は、最低でも1000トンを超えていました。**上田信（まこと）の『中国の歴史09 海と帝国』を読むとその辺りの事情がよく分かります。**

『中国の歴史09　海と帝国　明清時代』
上田信
講談社／2005年

当時の1000~2000トンといえば、今の米国の原子力空母以上の規模感ではないでしょうか。この大艦隊がモンゴル人（北元）との戦いに手を焼いていた明（みん）という国の事情で忽然（こつぜん）と消えたのです。

この艦隊を維持するための費用は、北元に対する防衛を目的とした万里の長城に化けました。中国は世界遺産、万里の長城を得た代わりに、インド洋での海上覇権を失ってしまったわけですね。

その空白をついて台頭してきたのが、ポルトガルでした。ただ、ポルトガルの探検家、バスコ・ダ・ガマの船はせいぜい100~200トンですから、鄭和の大艦隊が海上の覇者としてインド洋に残っていれば、ポルトガルが海の覇者になることは恐らくなかったでしょう。

僕としては、**この3冊を読んだ上で高坂正堯の『海洋国家日本の構想』を読むと、日本にとっての地政学の重要性がさらによく分かるような気がしています。**

最後に、正義について少し考えてみましょう。

前述したようなリアルポリティクスの本ばかり読んでいると、「正義はどこにあるのか」「人間はもう少し賢いのではないのか」などと考えたくなるものです。

そんな時は、**井上達夫さんの『世界正義論』を読んでみてください。気鋭の哲学者が、戦争や正義を今日的視点で論じた大変に読みやすい本です。**

昔から、例えば、世界政府ができれば戦争がなくなって平和な世の中になるのではないか、といった漠然とした考え方がありますね。この本は正義を高らかに論じる一方で、世界政府については「出口がない」と切って捨てています。

すなわち、国がいくつもあれば亡命ができるが、世界政府ができたら亡命ができず、個人にとっては出口がなくなってしまうということです。

このように、正義を振りかざすだけではなくて、具体的な影響もふまえて「正義とは何か」ということを実証的に論じていま

『世界正義論』
井上達夫
筑摩選書／2012年

『海洋国家日本の構想』
高坂正堯
中公クラシックス／2008年

す。

世の中に正義はたくさんあります。パレスチナの正義とイスラエルの正義は恐らく、両立しないでしょう。

この章では、歴史や政治経済を通してグローバリゼーションを見てきました。

これを一つのきっかけに、自分の頭で考える癖をつけてください。

第9章　人口問題から日本の近未来を考える

この章では、日本社会が直面している大きな課題である「人口減少」や「少子高齢化」をテーマに取り上げてみました。様々な識者の意見をただ「ああそうか」と読むだけではなく、自分の頭で考えるための本を紹介していきたいと思います。

ネズミ算的に増える世界の人口

まず、1冊目はこちらです。定番といいますか、**必読の古典、マルサスの『人口論』です。**

この本は、18世紀終わり、フランス革命後の時代に英国で著された古典で、読者のみなさんも名前ぐらいはご存じだと思いますが、実際に読んだ人は少ないのではないでしょうか。

古典は、結論は簡単なのです。マルサスの場合も、食糧は算術級数的にしか増えないけれども、人口は幾何級数的、すなわちネズミ算的に増える、ということを言っているわけです。

例えば、ほぼ同じ時代に生きたアダム・スミスの『国富論』に書かれた「見えざる手」「市場主義」というコンセプトは誰でも知っていますが、果たして皆さんはそのコンセプトを生み出すに至るまでのプロセスをどこまで理解しているでしょうか？

少子化とはとどのつまりは人口問題です。そこでマルサスの『人口論』では、マルサスが200年前、どのような事実とデータに基づき、どういう思考プロセスでこうした結論に至ったのかを体得する必要があるでしょう。

国富論も同様です。**経済と人口は相関関係がとても強いので、この機会に『国富論』にもぜひ手を伸ばしてください。**

『人口学への招待 少子・高齢化はどこまで解明されたか』
河野稠果
中公新書／2007年

『国富論 国の豊かさの本質と原因についての研究』〈上・下〉
アダム・スミス／山岡洋一（訳）
日本経済新聞社出版局／2007年

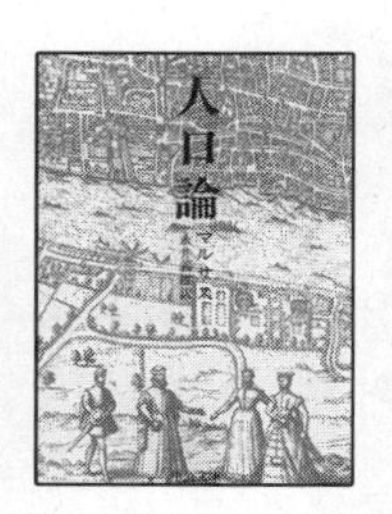

『人口論』
マルサス／永井義雄（訳）
中公文庫／1973年

『人口論』の初めには、こうあります。
「人口の原理について、将来の社会の改善に役立つように、ゴドウィン氏、コンドルセ氏、およびその他の方々の論考にふれつつ、論じる」。

序文によればマルサスの人口論は、ゴドウィン氏の著作に収められた論文の主題「貪欲および消費」について、マルサスが友人（父ダニエルを指す）と語ったことから生まれた本だそうです。

さて、マルサスが200年前に導き出した結論はどうでもいいのです。マルサスの思考のパターンをよすがとして、現代の人口問題を考えるツールにすればいいのです。

そこで、**次に読むことをオススメする本は河野稠果（こうのしげみ）著『人口学への招待　少子・高齢化はどこまで解明されたか』です。**

この本は、現代日本のマルサスであると言っても過言ではありません。人口問題が現在、どこまで解明されたかが克明に書かれています。実にシャープで読み応えがあります。

これらの本を読むと、人口問題を考える視座がしっかりしてくるでしょう。そして、人口問題を自分の頭で考えるための思考の枠組みが構築されることでしょう。加えて、拙著『世界一子どもを育てやすい国にしよう』（駒崎弘樹・共著、ウェッジ）も、ぜひ手に取ってみてください。

政府の白書は意外に読み応えあり

世の中に少子化問題を語る識者の人は大勢いますが、この3冊をきちんと読んでいる人は、半分もいないのではないでしょうか。そうした人の提言は、たいていは帯に短し、たすきに長しです。

さて、思考の枠組みができあがったところで、**次に読みたいのは、内閣府発行の『子ども・子育て白書』と、厚生労働省編集の『厚生労働白書』です。**

『厚生労働白書　平成29年版』
厚生労働省（編）
日経印刷／2017年

『平成24年度版　子ども・子育て白書』
内閣府（編）
勝美印刷／2012年
※平成25年度版以降については内閣府のホームページで確認できます。

政府の発行物というと疑ってかかる人が多いのですが、白書は一般的なものとは違い、一部は翻訳されて世界中に発表されます。いくら省益があるとはいえ、世界から嘲笑されるような内容を書くわけにはいきません。

白書というのは、データも多く、かなりしっかりと書かれた資料であり読み物なのです。この2つの白書をセットで読み込めば、基礎的な人口問題の捉え方が分かってくると思います。

少子化対策の一環として、子育て支援が叫ばれており、「フランスを見習うべきである」という意見をよく聞きます。では、フランスではどのような子育て事情があるのでしょうか。これが、意外にまとまった資料がないのです。**そこで、次の本を推薦します。『産める国フランスの子育て事情』です。**

意外なことに、フランスは、欧州で出生率が低下し始めたのが最も早かった国なのです。なにしろ、フランスは、フランス革命が起きた1789年頃にはもう出生率が下がり始めたのだそうです。つまり英国で冒頭のマルサスが『人口論』を著した頃、フランスでは出生率が下がっていたのです。

**『産める国フランスの子育て事情』
牧陽子**
明石書店／2008年

この本では、フランスでフランス革命後に出生率が下がったのは「家族のうちに愛情意識がめばえて子どもの教育が大きな関心事になり、少ない子どもに愛情をかけて育てるようになったためだ」とする、歴史家フィリップ・アリエス〈名著『〈子供〉の誕生』〈みすず書房〉の著者〉の分析を紹介していますが、明確な答えはないそうです。しかしどこかの国と、なんとなく似ていませんか。ちなみにフランスの周辺の国々でも、フランスの約1世紀後には、出生率が下がり始めたそうです。

この本からは、こうした重要な研究結果や興味深い知見がたくさん得られるので、ぜひ参考にしてください。

日本は戦前から「経済大国」だった

少子高齢化の不安を払拭（ふっしょく）する一番の方法は、ちゃんとこの国にはまだまだ儲かる、まだまだ成長する余地があると確信することです。成長しないと、そもそも高齢社会はもたないのですから。

そう思う皆さん。まだまだ大丈夫です。

『新・観光立国論 イギリス人アナリストが提言する21世紀の「所得倍増計画」』デービッド・アトキンソン
東洋経済新報社／2015年

冷静にこの国を眺めれば、成長するネタがたくさんあることに気づきます。

それを明快かつロジカルに提示してくれるのが、**元ゴールドマン・サックス証券のアナリストだったデービッド・アトキンソンの『新・観光立国論』です。将来が明るくなる話が、たくさん詰まっている本です。**

エコノミストらしく、アトキンソンの分析は、日本で信じられてきた「常識」を喝破していくことから緻密に繰り広げられていきます。例えば、「日本は高い技術力と勤勉さで戦後に急速に高度成長した」「女性の就業率を高めれば経済は成長する」といった、よく聞かれる「常識」についても、真正面から検証していきます。

日本は、実は戦前から経済成長しており、1939年には既にフランスとそん色ない世界第6位の実力がありました。また、データを見ると、戦後成長したのは急激な人口増が要因として大きく寄与したことが分かるのです。

しかも世界的に見ると、1億人以上の人口がある先進国は日本と米国だけで、先進国の人口は3000万〜6000万人に集中しているのだと指摘、「日本は世界有数の人口大国だ」と断言しています。

こうした中、アトキンソンは人口がGDP成長率に与える影響の大きさを正しく指摘します。そうした冷静な分析をしたうえでアトキンソンが提言するのが観光客を「短期移民」と捉えた「観光立国」なのです。着眼点が素晴らしいと思います。

「次世代を作ることに価値をおかないから少子化になる」

『生物学的文明論』
本川達雄
新潮新書／2011年

では結びです。**以上のラインアップをすべて読破した後で、ぜひこの本を読んでほしいと思います。『ゾウの時間 ネズミの時間 サイズの生物学』（中公新書）で有名な本川(もとかわ)達雄さんの『生物学的文明論』です。**

前半の章では、自然界で、互いに与え、与えられながら共生している動物や植物たちの生きざまを紹介しながら、著者は、「人間は本当に賢いのだろうか？」と疑問を投げかけます。

生き物が末永く生き続けるためには、とても多くの雑多な生き物が共に存在し、その生態系の中で互いに自然な形で支え合っていかなければなりません。特定の種が急速に支配しようと勢力を拡大しすぎると、お互いの負担になりすぎ、絶妙なバランスで保たれていた生態系が崩れてしまい、結局はみな死滅してしまうことになるのです。

この本では、心臓時計で時間というものを捉えてみたり、脳のないナマコがいかに「いい暮らし」をしているかなどの面白いエピソードを紹介したりしながら、生物学の視点を通して現代文明を批判的に論じています。

団塊の世代である本川さんは、第10章でこう書いています。

「生物は、子供を産んでなんぼ、というものです。（中略）とはいえ、なまなましい生殖活動ができなくなるのが老いというものです。そこで、直接的な生殖活動ができなくても、次世代のために働くこと——これを広い意味での生殖活動と考え、これに老後の意味をみつけたいのです。（中略）志としては、次世代の足を引っ張らないという姿勢をずっと持ち続けていれば、うしろめたさの少ない老後を過ごせるのではないかと思うのです」

「そもそも少子化とは、次世代を作ることに、それほど価値をおかないから
こそ、そうなってしまうのでしょう」

洋の東西を問わず、沈む船から救命ボートをおろす時は、「子供、女性、男性、高齢者」の順にボートに乗るのです。僕たちは、すべて「次世代を育てるために」生きているのです。それが動物としての人間の務めなのです。

最後に、僕のところに送られてきた、フランスで子育てをしている女性からの手紙を紹介します。次の世代を育てるために、僕たちは子供が育てやすい社会を本気でつくろうとしているのでしょうか。皆が胸に手を当てて考えてみるべきだと思います。

子供たちこそが僕たちの未来。一人でも多くの皆さんに、読んでいただきたいです（ご本人の了解を得て転載しています）。

出口様

初めてメールさせていただきます。

〇〇と申します。〇歳、主婦です。

先日ご著書『世界一子どもを育てやすい国にしよう』を読ませていただきました。

ここ1年、妊娠出産育児について考えることが多く、恥ずかしながらようやくこの本に辿り着きました。

私は現在、7歳、5歳、2歳の女の子の子育てをしています。主人はフランス人で、上の2人の娘は東京〇〇市で、三女はフランスで出産しました。主人の仕事の都合でフランスに来て、もうすぐ5年になります。

どうして日本の出産育児に疑問を持ち始めたかというと、こちらに来て、子育てを5年続けるうちに、「ああ、フランスに来てよかった。日本になんか帰りたくもない」と思ったからです。

これは私がこちらで出会った日本人のお母さんたち（長期滞在か永住者）皆が

口を揃えて言っています。最初は思っていただけですが、ある日、「こんな考え方を持ってしまうなんて、日本は大丈夫なのか」と急に怖くなりました。

決定打は、夏に日本に帰国した時に、近所のお店が潰れて、またコンビニができたのを見た時です。

それまで社会の問題として子育てを考えたことは恥ずかしながらなかったのですが、箱根近くの田舎の町で、すでに徒歩10分圏内に3軒のコンビニがあるのに、またコンビニができたのを見て、「一軒ぐらい保育園にしろ！」と心の叫びが吹き出しました。

フランス滞在初期は、フランス人の不真面目で適当で怒りっぽい性格にケチをつけては「やっぱり日本人って真面目よね」などと思っていましたが、フランスに慣れ、フランス人を知れば知るほど、「子供が日本語話せなくたってこのままフランスで生活させたい」と心底思うのです。

〇歳で長女を出産したので、遅いスタートでしたが、40歳で三女を産もうと思ったのもフランスにいたからでした。

「フランスだと産める気がする、産みたくなる、なんとかなる気がする」。こんな感想を私も知り合いのお母さんたちも持っています。皆、ためらうことなく、2人目、3人目を産んでいます。

毎年夏休みに日本に帰国していますが、そのたびに思いはますます強くなる一方です。

帰国するたびに、小さな子を連れている母として、不便さ、息苦しさ、差別感を痛感し、最後には虚無感にさえなります。

この思いをどこに向けたらいいのか、なんとかならないのか、と一人の主婦が思った時に、ご著書に出合いました。

子供を産み、子育てをする、こんな動物的な自然なことが、社会によって遮られるなんておかしいと思っている人がいったいどれだけいるのか、初めてそういう視点を持ちました。

フランス人の、なるべく楽をする、無駄なことはしない、自分の役割だけ果たす、我慢しない、ストレートに感情を出す、怒る怒鳴る、こんな欠点とも言われる性格が、社会の子育て事情にいい影響を与えていると感じます。

私はこちらでまだ仕事をしていないのですが、保育園の他に、ガードリーという託児所があり、働いてない主婦でも週22時間を限度に預けられます。これにどれだけ救われたことでしょう。手伝ってくれる祖父母もなく、不慣れな土地で言葉もわからず、疲労困憊でしたが、午前に3時間だけでも預かってもらえる、それだけでも私の生活を信じられないほど変えてくれるのです。

今年は私の町のガードリーが廃止されてしまったのですが、それでも保育園で週2日を限度に預かってくれます。しかも今年は空きがなかったので、隣町に申し込みましたが、そこのガードリーで週2日三女を預かってもらっています。

その他にも、若い世代（15歳～25歳）が、夏休みなど時間ができると、幼稚園や保育園、スーパーなどにベビーシッターの張り紙をしています。あまりに疲れていた時に、2度ほど頼んだことがありましたが、18歳の高校生でしたが、食事もトイレも遊びも、全く臆することなくしてくれて、本当に助かりました。その他にも近所で時間のある人（主に50代～60代の女性）がベビーシッターとして市役所に登録してあります。

私はパリ郊外の小さな町に住んでいるので、大体の人は顔見知りで、安心して預けることができました。

このおかげで、3人目を産みたいと思ったのです。5歳若ければ、あと2人ぐらいは産みたいところです。

周りを見ても、3人の子供のお母さんは普通で、4人、5人もよく見かけます。娘が通っている幼稚園だけでも、7人、8人の子供のお母さんがいます。そして皆、生き生きとして、充実した美しい女性なのです。

散歩をすれば、皆子供に優しく、妊婦、赤ちゃんづれは間違いなく優先されます。そしてそれは特別なことではなく普通のことなのです。

夏に帰国した時に、電車を降りた時、エレベーターに走っていく人々に驚きました。皆いわゆる普通の人でした。ベビーカーを持って待っていても当然譲られることはなく、3回エレベーターを待ちました。こちらではありえません。譲らないことを恥ずかしいとさえ思うでしょう。子供の足がちょっと触れただけで、10分以上もスーツを払っていたサラリーマンもいました。

パン屋に行けば、「お子様は抱っこしないでください」との張り紙。

日本の航空会社を利用していますが、飛行機に乗った瞬間から「ああ日本だ」とため息が出ます。

子供が泣いた時に、客室乗務員が周りの乗客に「申し訳ありません」と言っていました。二度と帰りたくないと思う瞬間です。

パリ近郊にあるインターナショナルスクールに日本語セクションがあったので、一度見学に行きました。

フランスなのに、昭和の社会科の先生のような人が出てきて、「物差しは竹を使ってください」と。そしてこんなところまできて、PTAが盛んで、上下関係がうるさく、うんざりしている、と受付の若いお母さんが教えてくれました。学園祭では15カ国のセクションごとにイベントをしますが、朝7時から集まって焼きそばの準備をしているのは日本語セクションぐらいで、あとは10時ぐらいにのんびり準備を始めています。

こんなことを言うと、「それが日本人のいいところ」と返事が来ますが、子育ての邪魔でしかありません。

保育園の騒音問題、マタニティーマーク論争、オムツ持ち帰りなど、こちらにいるとありえないニュースを見るたびに、なんということもない一人の母として、涙が出るぐらい悲しくなるのです。

子供を産むか産まないか、産まない選択に価値を見出す風潮もありますが、普通に生活している女性まで、そんな話に興味を持ってもらいたくないのです。

子供を産み育てるのは普通のこと、産みたくない人はそれでいいですが、産みたい人までその「産みたい」と思う本能を鈍らせるような社会が悲しくて仕方ありません。

お母さんたちにも、公園デビューや除菌ジェル、マザーズバッグやベビーカーのメーカー、ママ友の関係など、そんなものはどうでもいいと叫びたい気持ちです。

出口様にとってはとっくにご存じのことで、私はデータを一切持っていないので、感情論ばかりになってしまいましたが、この思いをどこにどうぶつけて形にしていけるか考えていきたいと思っています。

日本に帰るたびに思います。皆疲れすぎています。余裕が全くありません。素手で握ったおにぎりが食べられないようになってしまった日本人は、人間として衰退しているとしか思えません。そんな人に子育てをして、支えることもできるはずがないと思います。

初めてこの思いを外に出しました。今まで間違っていると思っていました。

こんな長いメールを読んでくださり、本当にありがとうございます。

出産、子育ては本当に素晴らしいものです。一人でも多くの人に、その感覚を取り戻してもらいたいと思います。

COLUMN

昔の本でも色あせることがない優れた古典

ある時、ソーシャルメディアのツイートを読んでいたら、次のような書き込みが目に入りました。「アメリカの大学生は4年間で平均400冊の本を読む。日本の大学生は100冊に満たない。同じ職場に就いたらどちらに面白い仕事が振られるか、もう決まっているよね」というものです。その通りだと思います。勉強しないで、面白い人生が待っているはずはありません。

では、どうやって勉強するのか。僕は、常々、「人・本・旅」と言っています。たくさんの人に会い、たくさん本を読み、いろいろなところへ出かけていって経験を積むことで人は賢くなるのです。

本については、ぜひ、何冊かは古典に挑戦してほしいと思います。何十年、何百年と世界で読み継がれてきた古典は素晴らしいに決まっています。人間の脳はこの1万年以上進化していません。喜怒哀楽や判断は昔の人も今の人も同じです。ですから、昔の本であっても優れた本は色あせることが全くないのです。今、『君たちはどう生きるか』という本がベストセラーになっています。漫画にもなっていますから、読まれた人も多いことでしょう。でも、この本は1937年、今から80年以上も前に出版されたのです。

僕は、本が大好きです。皆さんのために、読んでほしい古典のリストを作りましたので、参考にしてください。

（立命館アジア太平洋大学　2018年春の入学式・学長祝辞より一部抜粋）

読んでほしい古典のリスト

01.『自省録』マルクス・アウレーリウス 神谷美恵子訳(岩波文庫 2007年)

02.『ティル・オイレンシュピーゲルの愉快ないたずら』ヘルマン・ボーテ 阿部謹也訳(岩波文庫 1990年)

03.『フランス革命についての省察ほか』(I、II)エドマンド・バーク 水田洋、水田珠枝訳(中央公論新社 2002、2003年)

04.『カエサル戦記集 ガリア戦記』ガイウス・ユリウス・カエサル 高橋宏幸訳(岩波書店 2015年)

05.『論語』孔子 金谷治訳注(岩波文庫 1999年)

06.『種の起原』(上、下)チャールズ・ダーウィン 八杉龍一訳(岩波文庫 1990年)

07.『方法序説』ルネ・デカルト 谷川多佳子訳(岩波文庫 1997年)

08.『王書—古代ペルシャの神話・伝説』フェルドウスィー 岡田恵美子訳(岩波文庫 1999年)

09.『夜と霧(新版)』ヴィクトール・E・フランクル 池田香代子訳(みすず書房 2002年)

10.『韓非子』(第一〜第四冊)韓非 金谷治訳注(岩波文庫 1994年)

11.『歴史』(上、中、下)ヘロドトス 松平千秋訳(岩波文庫 1992年)

12.『イリアス』(上、下)ホメロス 松平千秋訳(岩波文庫 1992年)

13.『中世の秋』(1、2)ホイジンガ 堀越孝一訳(中央公論新社 2001年)

14.『ルバイヤート』オマル・ハイヤーム 小川亮作訳(岩波文庫 1979年)

15.『唐詩選』(上、中、下)李攀竜編 前野直彬注解(岩波文庫 2000年)

16.『君主論』ニッコロ・マキアヴェッリ 河島英昭訳(岩波文庫 1998年)

17.『コーラン』(上、中、下) 井筒俊彦訳(岩波文庫 1957、1958、1964年)

18.『ツァラトゥストラはこう言った』(上、下)フリードリッヒ・ニーチェ 氷上英廣訳(岩波文庫 1967、1970年)

19.『コモン・センス 他三篇』トーマス・ペイン 小松春雄訳(岩波文庫 2005年)

20.『ソクラテスの弁明・クリトン』プラトン 久保勉訳(岩波文庫 1964年)

21.『東方見聞録』(1、2)マルコ・ポーロ 愛宕松男訳(平凡社 1970～71年)

22.『シェイクスピア全集2(ロミオとジュリエット)』ウィリアム・シェークスピア 小田島雄志訳(白水社 1985年)

23.『国富論』(1 ～ 4)アダム・スミス 水田洋監訳、杉山忠平訳(岩波文庫 2000、2001年)

24.『プロテスタンティズムの倫理と資本主義の精神』マックス・ウェーバー 大塚久雄訳(岩波文庫 1989年)

25.『荘子』(第一冊〔内篇〕)(第二冊〔外篇〕)(第三冊〔外篇・雑篇〕)(第四冊〔雑篇〕)荘子 金谷治訳注(岩波文庫 1971、1975、1982、1983年)

26.『新訂 海舟座談』巌本善治編、勝部真長校注(岩波文庫 1983年)

27.『鈴木大拙全集 第八巻 日本的霊性 日本の霊性化』鈴木大拙(岩波書店 1999年)

28.『風姿花伝』世阿弥 野上豊一郎、西尾実校訂(岩波文庫 1958年)

29.『曾根崎心中・冥途の飛脚 他五篇』近松門左衛門 祐田義雄校注(岩波文庫 1984年)

30.『ブッダのことば スッタニパータ』中村元訳(岩波文庫 1984年)

著者紹介
出口治明（でぐち　はるあき）
立命館アジア太平洋大学（APU）学長。1948年、三重県生まれ。京都大学法学部卒業後、日本生命保険相互会社入社。ロンドン現地法人社長、国際業務部長などを経て2005年に同社を退職。2008年にライフネット生命を開業。2017年に代表取締役会長を退任後、2018年1月より現職。
『生命保険入門 新版』（岩波書店）、『人類5000年史Ⅰ』（ちくま新書）、『「全世界史」講義Ⅰ、Ⅱ』（新潮社）『仕事に効く教養としての「世界史」Ⅰ、Ⅱ』（祥伝社）、『本の「使い方」 1万冊を血肉にした方法』（角川oneテーマ21）、『教養は児童書で学べ』（光文社新書）、『ゼロから学ぶ「日本史」講義Ⅰ』（文藝春秋）など著書多数。

編集協力　斎藤哲也

本書は、2014年6月に日経ＢＰ社から刊行された『ビジネスに効く最強の「読書」』を改題し、日経ビジネスオンラインの連載『出口治明の「ビジネスに効く読書」』の2013年6月～2015年11月掲載分から収録した項目を加え、加筆・修正したものです。

ＰＨＰ文庫　教養が身につく最強の読書

2018年6月15日　第1版第1刷

著者　出口治明
発行者　後藤淳一
発行所　株式会社ＰＨＰ研究所
東京本部　〒135-8137　江東区豊洲5-6-52
第二制作部文庫課　☎03-3520-9617（編集）
普及部　☎03-3520-9630（販売）
京都本部　〒601-8411　京都市南区西九条北ノ内町11

PHP INTERFACE　https://www.php.co.jp/

組版　株式会社PHPエディターズ・グループ
印刷所
製本所　図書印刷株式会社

ISBN978-4-569-76763-5